RÉCIT
D'UNE EXCURSION
DE
L'IMPÉRATRICE MARIE-LOUISE
AUX GLACIERS DE SAVOIE.

Paris. — Imprimerie Claye et Taillefer, rue Saint-Benoît, 7

RÉCIT
D'UNE EXCURSION

DE

L'IMPÉRATRICE MARIE-LOUISE

AUX GLACIERS DE SAVOIE

En Juillet 1814

PAR

M. LE BARON MENEVAL

AUTEUR DES SOUVENIRS SUR NAPOLÉON ET MARIE-LOUISE

PARIS : AMYOT, RUE DE LA PAIX.

AVERTISSEMENT.

Cet opuscule, qui n'était pas destiné originairement à l'impression, devait faire partie des *Souvenirs sur Napoléon et Marie-Louise*, lorsqu'ils ont paru pour la première fois en 1843. Mais l'auteur a craint de mêler la futilité d'un genre un peu passé de mode à la gravité de récits plus sérieux. La persistance dans des préventions exagérées, dont l'ex-impératrice est encore l'objet, fait regretter que cette lacune ait été laissée dans les *Souvenirs*. Le récit de l'excursion ignorée de Marie-Louise aux glaciers de Savoie, récit écrit immédiatement après le retour du Montanvers, et qui, à défaut d'autre intérêt, reproduit dans toute leur sincérité les impressions du moment, est l'expression fidèle des sentiments de cette princesse, à l'époque de la chute de l'Empire. La publication quoique tardive, de cette relation, qu'aucune suggestion n'a provoquée, est un témoignage rendu à la vérité. L'auteur a pensé qu'il n'était pas permis à un témoin oculaire de laisser peser sur la femme de Napoléon le reproche de s'être empressée d'abandonner la cause de ce grand infortuné, et même d'avoir prémédité cette odieuse défection. La dignité nationale est intéressée, jusqu'à un certain degré, à ce que l'injustice de cette accusation soit démontrée. L'opinion publique, en l'admettant sans examen, dans un premier moment de légitime irritation, a été exclusivement préoccupée de la conduite postérieure de cette princesse et de l'oubli de sentiments dont le souvenir d'une glorieuse union n'a pas été la sauvegarde. Elle a subi, à son insu, l'influence d'un préjugé populaire répandu en France, préjugé qui, par une étrange singularité, d'une femme bonne jusqu'à la faiblesse et douée de beaucoup d'agréments extérieurs, s'est plu à faire une femme méchante et laide.

L'attitude de Marie-Louise, dans ce grand désastre, reste à l'abri du reproche. Un seul regret doit être exprimé, c'est qu'elle n'ait pas pris, à

Blois, une initiative dont le succès eût pu produire d'heureux résultats. Sa timidité, fruit d'une éducation imposée par une autorité paternelle, mais essentiellement despotique, et de l'habitude d'être dirigée, ne l'eût peut-être pas arrêtée. Mais la juste crainte de traverser les projets de l'Empereur Napoléon, qui lui prescrivait, dans ses lettres, d'être toujours à portée de communiquer avec son père, lui ôtait toute liberté d'action. Ce moment perdu ne s'est pas retrouvé.

Le but de cette publication est de faire connaître quelle était la situation d'esprit de l'ex-impératrice, dans les terribles circonstances où elle est tombée sous la dépendance des nouveaux maîtres de l'Europe. Un fatal concert s'établit alors entre eux sur la portée du rôle qu'ils lui destinaient à son insu. Le Congrès de Vienne, ce foyer où bouillonnaient les ambitions, les rivalités et les haines qui poussaient tous les cabinets de l'Europe à la curée des dépouilles de l'Empire, a vu s'accomplir de sinistres résolutions, conçues dans les conseils d'une ténébreuse politique. La ruse et la violence ont été mises en œuvre pour détourner du droit chemin et pour avilir une épouse, une mère, après l'avoir précipitée d'un rang dans lequel elle n'avait recueilli jusque-là que les respects des peuples. La Sainte-Alliance n'a pas reculé devant l'oubli de la morale, devant la violation des lois divines et humaines, pour consommer, par la perte d'une faible femme, la ruine de l'homme auquel son sort était lié, appelant ces honteux auxiliaires à l'aide de la conjuration générale de l'Europe contre ce redoutable adversaire.

Marie-Louise n'avait pas encore été entourée des piéges qui furent tendus plus tard à son inexpérience. Elle n'avait pas encore vu le général Neipperg, qu'elle ne trouva à Aix qu'après son retour du Montanvers. Des menaces combinées avec des promesses fallacieuses, des appels à sa piété filiale, enfin, des séductions de tous genres ne l'avaient pas encore détachée d'un époux, au sort duquel l'attachaient les liens du devoir et de l'affection. Les regrets qu'elle exprimait excitaient d'autant plus les sympathies de l'auteur, qu'ils étaient en harmonie avec les sentiments dont il est pénétré pour une mémoire, auguste et chère, sentiments fondés sur une connaissance intime du cœur et du génie de Napoléon, acquise par une longue habitude de sa confiance.

Captive et violemment séparée de son époux, la catastrophe de l'Empire avait jeté dans l'âme de Marie-Louise une profonde tristesse. A la douleur qu'elle éprouvait se mêlait un vif ressentiment de la froide insensibilité de la politique qui, en disposant d'elle sans la consulter, la frappait dans ses affections et menaçait de rompre des liens que, dans sa conscience, elle regardait comme indissolubles. Tout son désir était de s'affranchir de cette tyrannie. Persuadée qu'une fois sortie de Vienne, elle n'y reviendrait pas, elle était impatiente d'en partir, et ne cessait de présenter son voyage à Aix comme exigé impérieusement par l'état précaire de sa santé, et l'excursion aux glaciers de Savoie comme une diversion à de légitimes chagrins.

Ceux qui prendront la peine de lire cette relation, pardonneront à son auteur de revenir sur une époque qui rappelle une fidélité au malheur, contre laquelle ont conspiré, avec un succès qu'on ne peut trop déplorer, une politique implacable d'un côté, de l'autre, un naturel timide et irrésolu, l'absence, et le retour à de premières impressions dont un trop court séjour parmi nous n'avait pu effacer la trace.

Le récit de cet épisode de l'Épopée impériale, quoique très-futile au fond, a un côté utile; il rétablit les faits, en renvoyant le blâme à qui il appartient. C'est à ce titre qu'il s'adresse surtout aux écrivains qui entreprendront d'écrire l'histoire de notre temps, et comme un appel fait à leur impartialité.

Il est nécessaire d'ajouter qu'une vaine prétention à la renommée littéraire, prétention qui serait d'ailleurs peu justifiée par l'exilité de cette production, que le désir d'assurer un lendemain à une de ces œuvres fugitives destinées à ne vivre qu'un jour, ne portent point l'auteur à tirer de l'obscurité ce récit entremêlé de rimes. La forme originelle de ce petit écrit et les frivoles ornements dont il est revêtu n'ont été conservés qu'afin que, reproduit dans toute son intégrité, sa date fût en quelque sorte fixée.

PROLOGUE.

Avant de raconter le voyage de l'ex-impératrice aux glaciers de Savoie, je dois rappeler en peu de mots les circonstances qui ont donné lieu à cette excursion.

Notre brave armée décimée, mais non vaincue, après une lutte héroïque soutenue contre toute l'Europe coalisée, fut forcée de céder au nombre, aidé par la trahison. Le monde connaît sa résistance obstinée , sa gloire et ses malheurs. Paris fut envahi après la fatale retraite de la Régente, qui, accompagnée par son fils et suivie par les principales autorités, était allée porter le siége du gouvernement à Blois. Elle y arriva dans la soirée du 2 avril. C'était le triste anniversaire d'un jour mémorable. Quatre ans auparavant, à pareil jour , la fille des Césars avait fait à Paris, comme impératrice des Français, une pompeuse entrée accueillie par les transports de tout un peuple enivré, confiant dans l'avenir. Le temps était à jamais passé du retour de ces anniversaires fameux qui rappelaient tant d'époques heureuses et glorieuses de l'Empire !

Six jours se passèrent dans l'attente du parti que prendrait l'Empereur, dont la correspondance avec l'Impératrice était journalière. Le 8, le général russe Schouwaloff arriva à Blois, et notifia à cette princesse une décision du conseil souverain des alliés, qui le chargeait de la conduire à Orléans avec son fils. La mission de cet envoyé des alliés, quand l'empereur d'Autriche et son ministre n'étaient pas encore arrivés à Paris, était d'un sinistre augure ; elle causa à Marie-Louise une douloureuse émotion. Mais il fallait obéir ou tenter une résistance impossible. Elle partit le lendemain pour Orléans, sous la conduite du général Schouwaloff, et trouva à Angerville un camp russe qui lui fournit une escorte.

Pendant son séjour à Orléans, le duc de Cadore, que Napoléon l'avait engagée à envoyer près de son père, et qui fut obligé de courir jusqu'à Chanceaux, près de Dijon, où ce prince était retenu par les mouvements de l'armée française, rapporta à l'Impératrice des lettres dont le contenu ne la rassura point. Elles renfermaient des protestations de tendresse et d'intérêt, mais aucune promesse positive. Ses inquiétudes s'en accrurent. La retraite des Français qui l'avaient suivie lui porta un nouveau coup. Elle se livra à une douleur immodérée. Ses yeux étaient constamment gonflés par les larmes. Son teint était empourpré par une ardeur fiévreuse, et tous ses traits bouleversés par une vive souffrance.

Quand le prince Paul Esterhazy et le prince Wenzel-Lichtenstein se présentèrent, le 12, à Orléans, pour l'inviter à se rendre immédiatement à Rambouillet, où son père devait l'attendre, elle se disposait à partir pour Fontainebleau. L'assurance qui lui fut donnée par ces envoyés du prince Metternich, que l'Empereur Napoléon était prévenu de ce rendez-vous, ranima ses espérances. Elle fut rassurée par la pensée que son époux, qui lui avait itérativement recommandé de se tenir en communication avec l'empereur d'Autriche, approuvait l'entrevue, et qu'elle ne recourrait pas en vain à la protection d'un père sur l'affection duquel elle devait compter.

Arrivée en grande hâte à Rambouillet, ses yeux cherchèrent en vain ses serviteurs et ses gardes ; ils ne rencontrèrent que de hideux Cosaques maîtres des grilles et des avenues du château. Sa surprise fut grande de n'y point trouver son père (1). Son anxiété, un moment endormie, se réveilla. Elle craignit d'être retenue captive; mais, au sortir de Blois, elle était déjà trop réellement prisonnière de la coalition!

(1) Arrivée le 13 avril à dix heures du matin à Rambouillet, après avoir voyagé pendant toute la nuit, Marie-Louise n'y trouva point son père. Ce prince n'était pas même encore entré dans Paris, où il n'arriva que le lendemain 14. Ce ne fut que le 16 qu'il vint enfin à Rambouillet, suivi par M. de Metternich. — Quant à l'agrément qui avait été en effet demandé à l'Empereur Napoléon pour le lieu de l'entrevue, ce prince n'eut pas à le donner. On ne l'avait pas attendu pour enlever l'impératrice d'Orléans. Pour expliquer la précipitation avec laquelle elle fut entraînée à Rambouillet, il suffira d'ajouter que le lendemain du jour où elle partit d'Orléans, le général Cambronne y arriva avec deux bataillons de la garde impériale, pour protéger son voyage à Fontainebleau. Cette mission du général Cambronne, dont elle n'avait pas été prévenue, n'était sans doute pas ignorée des alliés.

Le général russe qui l'avait conduite de Blois à Orléans, sous une escorte russe, avait été remplacé dans le trajet d'Orléans à Rambouillet par des généraux autrichiens. — Quand elle vint de Rambouillet à Grosbois, où son père lui avait donné rendez-vous, des Français qui l'avaient suivie à Blois et à Orléans, il en restait à peine trois qui s'attachèrent à sa fortune. — Lorsque, de Grosbois, elle partit pour Vienne, elle était escortée par un général et par un état-major autrichiens. Là, elle avait fait à la France d'éternels adieux !

Pendant son mélancolique voyage à travers nos provinces désolées et dans les États Autrichiens, sa tristesse avait redoublé. Ses nuits étaient troublées par de pénibles insomnies, et son visage était souvent baigné de pleurs. Après une de ces nuits sans sommeil, elle me dit un jour, dans le Tyrol, avec les larmes aux yeux, qu'elle avait manqué de résolution à Blois, et qu'aucune raison n'aurait dû retarder son départ pour Fontainebleau. Louable, mais inutile regret que le temps n'a peut-être pas emporté tout entier!

Le docteur Corvisart, dans lequel elle avait toute confiance, avait jugé que l'usage des bains d'Aix, en Savoie, à l'exclusion de tous autres, lui était absolument nécessaire. En attendant que la saison favorable fût arrivée, l'empereur François désira que sa fille allât passer quelque temps à Vienne, au sein de sa famille, promettant de ne pas s'opposer aux prescriptions du célèbre médecin, et de la laisser ensuite libre de s'établir, soit à l'île d'Elbe avec l'Empereur Napoléon, soit dans les États de Parme qui lui avaient été concédés par un traité.

Après cinq semaines données aux douceurs de la vie de famille, l'Impératrice, impatiente de se rapprocher de la France, vers laquelle ses souvenirs et ses sympathies la reportaient souvent, s'occupa avec activité de son départ. Elle était conduite à Aix, moins par la nécessité de soigner sa santé, que par le désir d'y revoir quelques amis de France, et par l'espérance d'être mise, après la saison des eaux, en possession du duché de Parme, où elle serait maîtresse de ses actions. La voix alors toute puissante du devoir, et une affection sincère l'appelaient aussi à l'île d'Elbe. On répétait à Marie-Louise que la nouvelle vie qu'elle allait commencer avec un maître déchu, dont la disgrâce aigrirait l'humeur, ne serait pas exempte de nuages. Mais la pensée que Napoléon avait toujours été pour elle un bon mari, et qu'il avait un noble cœur, combattait ces insinuations. Un autre motif la portait à s'éloigner de Vienne ; c'était le désir d'échapper à la jalouse tutelle de sa belle-mère, et de se soustraire à l'ennui que lui causait l'expression, répétée sans cesse autour d'elle, de sentiments qu'elle ne partageait pas. Ce voyage aux glaciers de Savoie, et même une excursion en Suisse, si une prolongation d'absence était nécessaire, lui donneraient le temps d'attendre l'effet des promesses de l'Empereur son père.

Les deux époux n'avaient pas cessé de correspondre. Ils échangèrent même des lettres pendant ce voyage. L'Empereur, sans désapprouver le choix des eaux d'Aix, aurait préféré qu'elle pût aller prendre les bains à Pise, ou dans quelqu'autre partie de la Toscane, ne pensant pas que le séjour d'Aix, trop voisin de la nouvelle

France, convînt à celle qui avait été impératrice des Français. Du reste, il paraissait se flatter de l'espoir de posséder sa femme et son fils durant une partie de l'année à l'île d'Elbe. C'était l'objet de tous ses vœux. Quand l'Impératrice s'ennuierait des rochers de l'île d'Elbe, elle retournerait à Parme. Je recevais des lettres du général Bertrand écrites dans le même sens. Napoléon devait envoyer, de Porto-Ferrajo, dans cette ville, ce qu'il fit en effet, un détachement de sa garde, pour protéger l'Impératrice, et pour lui servir d'escorte, quand elle viendrait à l'île d'Elbe.

Ce voyage était donc désiré par les deux époux. L'Empereur d'Autriche objecta d'abord qu'il devait y avoir en Allemagne des eaux qui pourraient convenir à sa fille. Il céda enfin à ses instances. Le voyage fut résolu, à la condition qu'un agent Autrichien irait résider auprès d'elle à Aix, après son retour des glaciers de Savoie. Son fils devait aller la rejoindre.

Le 28 juin, l'Impératrice alla faire ses adieux à son père aux bains de Baden, dans la vallée de Sainte-Hélène, à deux milles de Vienne. Le lendemain, jour fixé pour son départ, une indisposition subite de Madame la comtesse Brignole faillit ajourner indéfiniment son voyage. Cette indisposition, dont la gravité apparente nous avait fort inquiétés, cessa heureusement dans la soirée. L'Impératrice, après avoir embrassé son fils, qui fut laissé aux soins de Madame la comtesse de Montesquiou, prit congé de sa grand'mère la Reine de Sicile, de ses frères, de ses sœurs et de ses oncles. Elle partit de Schœnbrunn à onze heures du soir. L'Impératrice d'Autriche, sa belle-mère, était venue de Vienne pour la mettre en voiture.

Marie-Louise voyageait sous le nom de duchesse de Colorno, nom emprunté à l'un de ses châteaux de Parme. Elle n'était accompagnée que par des Français. C'était une dernière concession faite à ses souvenirs de la France, et une condescendance, jugée utile pour d'impuissantes velléités d'indépendance. On parait la victime, et l'on semait sa route de fleurs, pour la conduire plus sûrement au lieu du sacrifice. Une division Autrichienne cantonnée dans les environs, devait exercer autour d'elle une surveillance inaperçue.

Elle alla coucher le lendemain à l'abbaye de Lambach, et le troisième jour, elle arriva dans la soirée à Munich. Le prince Eugène et la princesse sa femme l'attendaient à la poste. Ils l'emmenèrent souper au palais, où elle trouva la sœur cadette de la princesse Eugène, qui avait été mariée en 1810 au prince royal de Wurtemberg, et négligée par lui dès le premier jour de ses noces.

Ce prince, secrètement engagé avec sa cousine la grande duchesse Catherine de Russie, qu'il épousa après la chute de Napoléon, n'avait contracté qu'avec répugnance une union imposée par l'Empereur, pour lier plus étroitement les deux principaux États de la Confédération du Rhin, dans l'intérêt d'une politique bien entendue. Mais les sentiments personnels des princes ne sont point consultés dans ces hautes combinaisons ; ils doivent fléchir devant des considérations inflexibles. Ces êtres privilégiés, dont la condition est si élevée au-dessus des autres hommes, sont condamnés à subir l'expiation de leur grandeur. Marie-Louise était un autre exemple du veuvage anticipé dont elle avait le spectacle sous les yeux. — Le prince royal de Wurtemberg se sépara sans remords de son épouse politique, le soir même de ses noces, la laissant malheureuse, car elle l'aimait. — La princesse de Bavière, veuve sans avoir eu d'époux, s'était retirée, après le renversement de l'Empire, auprès de sa sœur la princesse Eugène. Elle ne prévoyait pas que, deux ans après, son mariage avec l'Empereur d'Autriche la vengerait de l'abandon de son premier mari ; et Marie-Louise était loin de se douter qu'elle embrassait en elle sa future belle-mère.

La duchesse de Colorno partit de Munich pour continuer son voyage. Elle ne s'arrêta qu'à Morsburg, pour y prendre quelques heures de repos. Après avoir passé la journée à Constance et visité l'île de Mainau ; après avoir traversé Baden (*Thermæ Helveticæ*) où elle rencontra le roi Louis de Hollande qui y prenait les bains, et Arau, où elle visita le beau cabinet de costumes suisses de M. Meyer, elle alla descendre à Berne, à l'auberge du Faucon.

Je n'emprunterai pas aux nombreux itinéraires de la Suisse, la description de cette ville patricienne aux rues bordées d'arcades, et de la délicieuse campagne qui l'entoure. Je dirai seulement que la duchesse employa la journée qu'elle y passa, à visiter le magnifique hôpital, sur la façade duquel se lit cette touchante inscription : *Christo in pauperibus*, et à parcourir la promenade de la *Terrasse*, ainsi que celle de la *Plateforme*, du haut de laquelle on jouit d'une vue si riche et si variée. Les ours, exhibition vivante des armoiries de Berne, que la ville nourrit dans ses fossés, reçurent aussi sa visite. Elle continua sa route le lendemain, en passant par Morat, veuve de son ossuaire des Bourguignons (1), et par la petite ville de Payerne (2), toute remplie des souvenirs de la reine Berthe.

La duchesse était attendue à Payerne par le

(1) Les Suisses, pour conserver le souvenir de la victoire qu'ils remportèrent en 1446 sur l'armée du duc de Bourgogne, Charles-le-Téméraire, élevèrent, avec les ossements des vaincus, une pyramide connue sous le nom d'Ossuaire des Bourguignons : Un bataillon d'un régiment français recruté dans le département de la Côte-d'Or, détruisit ce monument en 1798.

(2) Payerne, petite ville du canton de Vaud, conserve le dépôt des naïves légendes du temps de la reine Berthe, époque fortunée, où régnaient avec cette princesse les vertus et les félicités de l'âge d'or. Sa

Roi Joseph, qui la conduisit à son château de Prangins, où elle reçut l'hospitalité élégante qui distinguait le maître de cette agréable résidence. Elle y passa la journée du 10. Dans la soirée du même jour, elle vint aux Secherons, auberge renommée aux portes de Genève, d'où elle devait partir pour son voyage du Montanvers.

C'est ici que commence l'Odyssée dont j'entreprends de raconter les vicissitudes, en prose mêlée de vers, à l'imitation de Chapelle et de Bachaumont, génies faciles auxquels je voudrais pouvoir emprunter, avec la forme de leur charmant voyage, quelques-unes de leurs heureuses inspirations.

tombe recouverte d'une table de marbre noir, sur laquelle est gravée une inscription qui rappelle les bienfaits de cette reine, a été replacée dans l'église paroissiale de Payerne.

On montre dans cette église une relique un peu profane, et de plus très-apochryphe, mais consacrée par la croyance et j'ajouterai par la reconnaissance populaire. C'est une vieille selle, dont le bois vermoulu est retenu par des bandes de fer rouillé, et qui est suspendue dans la nef par une corde, en guise de lustre. On croit fermement à Payerne que cette selle servait à la reine Berthe, lorsque cette princesse faisait le tour de ses domaines, en filant, montée sur sa mule, les vêtements de sa famille. De chaque côté de cette selle est une gaîne ouverte destinée à recevoir les jambes. On voit sur l'un des côtés un trou rond dans lequel se plaçait, dit-on, le bâton de sa quenouille.

RÉCIT

D'UNE EXCURSION

DE L'IMPÉRATRICE MARIE-LOUISE

AUX GLACIERS DE SAVOIE,

En Juillet 1814.

Salut pompeux Jura, terrible Montanvers,
De neiges, de glaçons entassements énormes,
Du temple des frimats colonnades informes,
Prismes éblouissants, dont les pans azurés,
Défiant le soleil dont ils sont colorés,
Teignent de pourpre et d'or leurs éclatantes masses;
Tandis que triomphant sur son trône de glaces,
L'hiver s'enorgueillit de voir l'astre du jour
Embellir son palais et décorer sa cour.

Non jamais, au milieu de ces grands phénomènes,
De ces tableaux mouvants, de ces terribles scènes,
L'imagination ne laisse dans ces lieux,
Ou languir la pensée ou reposer les yeux.

Delille (Georgiques françaises, chant troisième).

EXCURSION AU MONTANVERS.

Paris, septembre 1814.

Il y a environ trois quarts de siècle, les barrières posées par la nature autour des Alpes de la Savoie n'avaient pas encore été franchies ; et ces régions glacées paraissaient inaccessibles, lorsque le génie des découvertes, éveillé dans le cœur de deux Anglais (Pockoke et Windham), en tenta la reconnaissance. L'expédition de ces hardis, mais prudents voyageurs, fut dirigée avec autant de précautions qu'en prit Christophe Colomb, quand il mit le pied sur les premières terres du Nouveau-Monde. On dit qu'à leur arrivée à Chamouni, ils établirent un camp sur la principale place du village, et qu'ils s'y gardèrent militairement, comme s'ils eussent craint l'irruption de monstres inconnus, chassés de leurs antres de glace, ou l'attaque de quelques animaux gigantesques de ces races perdues qui, réfugiés dans ces solitudes, y auraient survécu aux révolutions du globe.

Un nouveau champ a été ouvert à la science par l'esprit d'investigation britannique. Le savant explorateur des Alpes (de Saussure) en a frayé les routes aux Géologues. Ce qu'ils ont fait connaître des beautés naturelles cachées dans ces montagnes y attire en foule les curieux. Le voyage du Montanvers est devenu pour eux un autre pélerinage de la Mecque. Cette curiosité est justifiée par la grandeur et par la pompe de scènes que présentent ces régions si longtemps inexplorées. En effet, la nature se plaît à y montrer son inépuisable fécondité par les plus étranges oppositions. C'est un contraste perpétuel de glaces et de fleurs, de stérilité absolue et de végétation vigoureuse. Le printemps y mêle sa verte jeunesse à la décrépitude de l'hiver. Ici, des cavernes de glace laissent échapper de leur sein d'impétueux torrents ; des cascades arrêtées dans leur chute, pendent immobiles, découpées en longues stalactites. Là, des terres cultivées apparaissent dans des précipices : des épis dorés s'y balancent à l'ombre de pyramides azurées, mêlées aux cîmes des noirs sapins. A côté de pâles champs de neige, auprès de monstrueux amas de glaçons entassés, resplendit une riante pelouse diaprée de fleurs. Un filet d'eau limpide y coulait tout-à-l'heure avec un doux murmure : Tout-à-coup un torrent furieux fond avec fracas sur le paisible ruisseau, souille de limon, de pierres et de débris la pureté de son onde, et l'enveloppant dans ses fangeux replis, l'emporte et court s'engloutir avec lui dans un abîme. Ailleurs, ce sont de verdoyantes prairies qui forment des îles au sein de lacs glacés. Enfin, on marche de surprises en surprises, causées par des spectacles inattendus.

Ce qui saisit surtout l'imagination, c'est l'aspect de monts gigantesques, incommensurables, d'innombrables pyramides de rocs et de glaces, connues sous le nom *d'aiguilles*, dont la pointe va se perdre dans les nues ; de vallées profondes dont le sol de cristal n'a jamais été foulé par un pied humain, qui, sous l'apparence d'une nature morte, subissent l'influence d'une force inaperçue, toujours agissante. C'est enfin le silence solennel qui règne dans ces vastes solitudes, silence qui n'est troublé que par le bruit de la chute inattendue d'une avalanche, ou par le craquement intermittent des glaciers, dont le travail mystérieux s'accomplit sans signes extérieurs.

Le besoin de chercher une diversion à de pénibles souvenirs, et l'espérance de puiser dans la contemplation des grandes scènes de la nature le calme si désirable après tant d'orages et une énergie nouvelle, attirait sur le théâtre de ces scènes imposantes une jeune princesse qui, née sous la pourpre impériale, et portée du berceau des Césars sur l'un des plus glorieux trônes du monde, venait d'en descendre, victime d'une terrible catastrophe. Ayant eu l'honneur d'accompagner dans sa modeste visite aux Glaciers de Savoie la souveraine naguère entourée de tant de pompe, j'ai été engagé à retracer quelques circonstances de ce court voyage, moins par l'intérêt qu'il a présenté, que par le souvenir du charme qu'y a répandu la constante bienveillance de cette princesse qui, douée d'un caractère facile et bon, et déposant avec la majesté du rang les préjugés de la naissance, n'a voulu être qu'une femme aimable.

Car l'éclat de son rang est son moindre avantage.
Si sur son front empreint, l'auguste sceau des rois
Inspire le respect et commande l'hommage,
Les dons heureux qu'elle obtint en partage,
La font régner par de plus douces lois.
On voit s'empresser autour d'elle
Des arts le cortége fidèle.
Unissant l'élégance et la simplicité,
La douceur et la dignité,
La bonhommie et la finesse,
Et de la vertu sans rudesse,
L'indulgence et l'aménité,
Elle a pour attributs la grâce et la bonté.
Le ciel l'a faite, au printemps de son âge,
Fille, épouse et mère de rois,
Voulant que par un triple hommage,
Le respect et l'amour l'entourent à la fois;

Mais il ne l'a que montrée à la France, (1)
D'un brillant avenir trop flatteuse espérance !

Associée au sort de l'Empereur,
La fille des Césars fut le gage trompeur
D'une alliance mensongère ;
Bientôt une ligue étrangère
Réunit contre son époux,
Et son père et ces rois de l'Empire jaloux,
Courtisans du vainqueur, aux jours de sa puissance,
Pendant la paix, infidèles amis,
Dans le malheur, perfides ennemis.
De ces Amphictyons une indigne sentence
Sépare de l'époux son épouse et son fils ;
L'une malgré l'hymen, condamnée au veuvage,
L'autre, que sa naissance a sur un trône assis,
Et du berceau tombé dans l'esclavage.

Ah ! de tant de grandeur et d'un si haut destin,
Le ciel dans ses décrets n'a pu marquer la fin !
Du moins n'ont pas péri, dans ce désastre immense,
Ces deux biens précieux, l'honneur et l'espérance !
Puissent la foi dans l'avenir,
Tout ce qui dans l'exil charme le souvenir

(1) Ostendent terris hunc tantum fata, neque ultrà
Esse sinent.....

(VIRGILE, Enéide.)

De l'amour maternel la douceur infinie,
La fidèle amitié, les arts consolateurs,
Qui calment les maux de la vie,
D'une double infortune apaiser les douleurs.

J'ai laissé la duchesse de Colorno à l'auberge des Secherons, après son retour de Prangins, se disposant à partir pour son voyage au Montanvers. En effet, le lendemain 11 juillet, de très-grand matin, en même temps que le roi Joseph prenait congé de sa belle-sœur, pour retourner chez lui, cette princesse montait en voiture pour se rendre dans la vallée du Prieuré. Elle quittait les Secherons, résolue à faire dans la même journée les dix-huit lieues qui séparent Genève de Chamouni. Sa suite se composait de madame la comtesse Brignole, de mademoiselle Rabusson, lectrice de la princesse, du fiancé de cette dernière (le docteur Hereau) et de moi. Elle voulut bien nous admettre,

Dans un char décent et modeste,
A Landau naguère inventé,
Et couvert seulement par la voûte céleste,
Que loin des murs de l'austère cité,

Quatre chevaux, d'un pas agile et leste,
Eurent bientôt dans leur course emporté.

Le soleil s'élevait sur l'horizon : les nuages avaient fui devant ses rayons naissants, et le ciel brillait d'un éclat radieux. La chaleur qui commençait à se faire sentir, séchait la rosée dont les perles humides s'effaçaient lentement sur les prairies et sur les buissons. L'air était pur et suave; et les oiseaux en chœur saluaient de leurs ramages l'aurore d'une belle journée.

Genève sommeillait encore, quand nous traversâmes ses rues solitaires pour gagner la route qui conduit à Bonneville. Cette ancienne capitale du Faucigny est comme la première porte des Alpes, dont les piliers sont deux grands pics, le *Molé* et le *Brezon*, aux pieds desquels la ville est bâtie. Il était dix heures quand nous arrivâmes à Bonneville, brûlés par un soleil ardent, qui ne nous avait pas ôté l'apétit. Nous descendîmes à l'auberge de la Couronne, où nous attendait un déjeuner préparé par un cuisinier envoyé à l'avance. Ce fut avec un vrai plaisir que nous prîmes place à une table fort proprement servie, que garnissait une chair abondante et délicate. Quelle que fut notre impatience de continuer notre voyage, nous dûmes laisser reposer nos chevaux, pendant deux heures, que les lamentables litanies d'un aveugle et les sauts grotesques d'une cretine ne nous firent pas trouver courtes.

Le trajet de Bonneville à Cluse se fait à travers une vallée fertile, couverte d'arbres fruitiers, et flanquée de montagnes boisées jusqu'à leur sommet. On arrive à Cluse par un chemin étroit taillé dans le roc, sans soupçonner l'existence de cette petite ville dont la vue est masquée par des masses de rochers. Elle est assez pauvre et habitée en grande partie par des forgerons et par des fabricants de ressorts d'horlogerie.

A voir ces maisons enfumées,
D'une enceinte de rocs de toutes parts fermées,
Je me crus transporté soudain
Dans l'un des ténébreux asiles,
Où Vulcain entouré des cyclopes dociles,
Bat le fer qui frémit sous sa robuste main (1).

(1) Ces vers et ceux qui ont trait à la Mule Marquise (page

La rivière de l'Arve traverse cette petite cité, dont les laborieux habitants semblent cacher là leur active industrie. Elle coule emprisonnée sous un pont d'une seule arche. Cluse justifie son nom. On y est enfermé dans une enceinté de rochers. A l'extérieur, on ne l'aperçoit point : quand on y est entré, on ne sait pas comment on en sortira. L'issue, comme l'entrée, est une espèce de faux-fuyant. A la sortie de Cluse, on suit le cours de l'Arve, en longeant des côtes abruptes qui s'avancent tellement sur la route, qu'elles paraissent en quelques endroits l'intercepter. Puis la vallée commence à s'élargir. Elle présente bientôt une vaste arène, autour de laquelle sont groupées les montagnes. Nous aperçûmes à deux cents toises au-dessus

39), sont de M. Lalanne, auteur du *Potager*, des *Oiseaux de la Ferme* et d'autres poèmes didactiques, qui révélèrent un rare talent pour la poésie champêtre, à l'époque où ils parurent. Quoique ces vers, dont le souvenir est sans doute loin de la pensée de M. Lalanne, ne doivent rien ajouter à ses titres littéraires, l'équité et la reconnaissance due à l'intérêt qu'il a bien voulu prendre à cette bagatelle, lorsqu'elle lui a été communiquée, il y a trente-deux ans, me prescrivent de faire cette mention. — Le silence que ce poète distingué garde depuis tant d'années, au fond de la retraite qu'il s'est choisie dans le midi de la France, doit exciter les regrets des amis de la bonne littérature.

de nos têtes, à gauche de la route, les bouches béantes des grottes de Balme. Elles semblaient nous inviter à en tenter l'escalade ; mais nous passâmes sans nous y arrêter. Nous avions hâte d'arriver aux Bosquets de Maglans. Les séduisantes descriptions qu'on nous en avait faites absorbaient toute notre curiosité.

Nous les cherchions des yeux, quand un forgeron sortant d'une chaumière dont une vigne luxuriante dissimulait le délabrement, s'avança à notre rencontre. Ce brave homme cumulait avec son métier de forgeron, l'office de *cicérone*. Il s'était hâté, dès qu'il nous avait aperçus, de déposer son tablier de cuir, et de venir à nous, tête nue, ayant les manches de sa chemise roulées au-dessus du coude. Son nez légèrement aviné ressortait sur les lignes noires de sa figure. Ses yeux ternes, et sa démarche pesante annonçaient la bonhomie, et l'indifférence pour les beautés de la nature dont il se faisait l'interprète. Il nous invita à le suivre dans un clos dont une petite barrière fermait l'entrée. Ce lieu n'était rien moins que pittoresque. Un chemin sablé par une poussière noire, bordé par de petits tas de scories et de limaille de fer, résidus du fourneau de la forge, un aspect inculte et sordide annonçaient plutôt l'approche des ateliers de Vulcain, que l'entrée du riant Elysée qu'on nous avait promis. Notre guide fut presqu'aussitôt rejoint par un grand dadais, au ton familier et goguenard, qu'il nous présenta comme son fils. Nous cheminâmes péniblement à leur suite, dans un labyrinthe de passages tortueux et inégaux, tracés au hasard entre des fragments de roches et d'épaisses touffes de bruyères. Quelques arbres noueux et tortus, couverts de lichens et de plantes parasites, étalaient leur mesquine vieillesse sur un terrain marécageux, semé de cailloux inaperçus que cachait une mousse trompeuse, mais dont nos pieds sentaient vivement la présence. Nous trébuchions sur ce sol rocailleux, prenant nos tribulations en patience, soutenus par l'espoir que ces sentiers âpres et durs, comme on nous représente le chemin de la vertu, nous conduisaient dans un nouvel Éden. Nous demandâmes enfin à nos guides qui paraissaient s'oublier dans ce lieu de plaisance, de nous introduire dans les bienheureux bosquets de Maglans. Que devînmes-nous, en entendant leur réponse !

De ces retraites merveilleuses,
Que notre esprit trop enivré
Nous peignait si délicieuses,
Nos pieds foulaient le sol tant désiré !

Comment exprimer notre désappointement? Nous rebroussâmes chemin au plus vite, oubliant de remercier nos guides du pompeux présent qu'ils nous avaient fait d'une petite plante, produit de cette terre désolée, dont ils vantaient les merveilleux effets contre la fièvre et les douleurs de l'enfantement. Nous trouvâmes que les admirateurs de ces prétendus lieux de délices, tant célébrés par leur plume sentimentale, et comparés, par l'un d'eux aux jardins enchantés d'Armide, avaient usé un peu trop largement du privilége des voyageurs. Mais ces lieux devaient être pour nous ce que fut la *terre promise* pour le législateur des hébreux. Et s'il était permis de poursuivre la comparaison, nous n'eûmes pas, comme Moïse, des conducteurs célestes qui nous en donnèrent au moins la perspective. Nous n'avions en effet visité que le vestibule des bosquets de Maglans. Plus patients ou conduits par de meilleurs guides, nous serions arrivés, en faisant quelques pas de plus, comme nous l'apprîmes trop tard, dans un joli vallon, tapissé d'une pelouse émaillée de fleurs, entrecoupé de clairs ruisseaux, orné de bouquets d'arbres et de bosquets fleuris, et animé par le ramage de nombreux oiseaux, enfin dans une autre vallée de Tempé.

A deux pas de là se présente, adossé à la montagne, le village de Maglans. Les blocs épars dans la prairie qui étale ses riches tapis au pied de ce village, attestent que ses habitants ont cherché sous les rochers suspendus sur leurs toits, une protection quelquefois infidèle. Mais quoique menacés par la chute de ces énormes masses, leur sécurité n'en est pas troublée.

De ce danger la menace incessante,
Loin de troubler leur vie insouciante,

Peut-être les attache encor plus au clocher.
Nos pères, disent-ils, sont nés sous ce rocher
Qui de nos fils a protégé l'enfance;
Leurs enfants y naîtront. Dieu qui dans sa clémence
Préserva leurs parents, saura veiller sur eux.
Là se bornent leur prévoyance,
Leur avenir, leurs soucis et leurs vœux.

Nous arrivâmes bientôt en vue du Nant-d'Arpenaz, cascade tombant du haut d'une montagne qui est à gauche de la route. Des grands aspects que nous venions admirer, c'était le premier que rencontrait notre vue. Nous espérions jouir d'un magnifique spectacle : notre curiosité fut médiocrement satisfaite. Pour voir cette cataracte avec tous ses avantages, il eût fallu, nous dit-on, venir au moment de la fonte des neiges. Notre imagination dut donc faire seule les frais des magnificences absentes qu'elle emprunte à la crue des eaux. Le Nant-d'Arpenaz, glissant modestement le long des parois de la montagne, était alors terne et décoloré. Ses eaux rencontraient en tombant quelques saillies de rochers qu'elles couvraient d'une rare écume : puis se divisant en filets limpides, elles coulaient sans obstacle au bas de la montagne.

La vue du triste lieu qu'on nous avait donné pour les bosquets de Maglans, avait trompé notre attente. Nous ne fûmes pas dédommagés par l'aspect du Nant-d'Arpenaz. Ce début n'était pas encourageant; il ne répondait pas à l'idée que nous nous étions faite des phénomènes qui nous attiraient dans des lieux si féconds en incidents pittoresques. Il n'était pas de nature à éveiller notre enthousiasme, qui n'attendait qu'une occasion pour éclater. Mais nous avions la foi qui transporte les montagnes. Nous pensions que, comme dans un drame bien ordonné, l'intérêt devait aller en croissant.

Nous arrivâmes à trois heures et demie à Saint-Martin, petit village où il faut se munir de mulets et de chars-à-banc, le chemin cessant d'être praticable pour les voitures. Saint-Martin se trouve sur la route directe de Genève à Chamouni. Nous dûmes renoncer à visiter les beaux sites des environs de Salenches et les bains de Saint-Gervais. Nous voulions profiter du reste du jour pour arriver à Chamouni. Nous ne nous arrêtâmes donc qu'un instant à l'auberge du Mont-Blanc, tenu par Chenet. Ce ne fut pas sans de vives démonstrations de regret que le bonhomme Chenet nous vit décidés à continuer notre route. Il fit tous ses efforts pour nous retenir. Il prédit que la nuit et même un orage nous surprendraient dans la montagne. Notre mauvais génie nous rendit sourds à ses sages avis, et sa voix se perdit dans le désert. Nous lui fîmes l'injure de croire qu'il était de l'espèce de ces hôteliers rapaces, ingénieux à retenir les passants dans leur repaire, pour les rançonner à leur aise. Résigné, il amena la mule qui devait porter l'auguste voyageuse. Elle se nommait *Marquise*. Ce beau nom sans doute

A cet insigne honneur lui valut d'être admise.
Pour une souveraine il faut une marquise.
　　Celle-ci fière d'un tel choix,
A peine regardant ses ignobles pareilles,
Dresse, belle d'orgueil, ses superbes oreilles.
Il lui tarde d'aller sous un si noble poids,
Et de prêter sa croupe à la fille des rois (1).

(1) Voir la note de la page 31.

Après s'être pourvue de guides pour nous conduire à Chamouni, notre caravane quitta Saint-Martin au petit pas, partie montée sur des mulets, partie hissée sur un char-à-banc. Nous eûmes au fond du couloir d'une vallée, la perspective du *Bonhomme*, l'un des satellites du Mont-Blanc. Nous laissâmes sur notre droite Salenches, puis Saint-Gervais dont le clocher s'élève sur les bords de l'Arve. La route passe au pied du coteau de Passy, où Rome a laissé des traces de son antique grandeur; mais quel est le lieu de la terre que la cité reine n'ait pas marqué de sa superbe empreinte?

Après une demi-heure de marche commence la montagne. Là, nous laissâmes nos mulets et notre char-à-banc pour monter à la cascade de Chede, en gravissant pendant l'espace de quelques minutes un sentier étroit et escarpé, qui dominait un ravin profond. Ce sentier nous amena devant une vaste nappe d'eau tombant d'une hauteur de deux cents pieds au travers de rochers ombragés par des arbres plusieurs fois centenaires : c'était la cascade de Chede.

Du pied de noirs sapins dans les airs élancés,
L'impétueux torrent descend à flots pressés,
Roulant en vagues blanchissantes,
De roc en roc à grand bruit jaillissantes.
Au loin les airs en sont troublés;
Et sous sa masse foudroyante,
De la montagne gémissante,
Les vastes flancs sont ébranlés.
C'est en vain qu'au sein de la plage,
Le torrent furieux veut s'ouvrir un passage;
Le sol résiste à ses coups redoublés.
Enfin, las d'exercer une impuissante rage,
Sur les débris dans sa chute entraînés,
Il s'enfuit en grondant; puis ses flots déchaînés,
Dans un cours plus tranquille oubliant leur furie,
Se répandent dans la prairie,
Divisés en mille ruisseaux,
Qui vont du lac de Chede alimenter les eaux.

Ce beau spectacle attira pendant quelque temps notre attention. Avant de continuer notre route, nos guides nous conduisirent au lac pour boire de son eau, selon l'usage. Nous admirâmes le brillant cristal de cette eau, qui est en effet si limpide, qu'elle invite à la goûter. Ce lac est, dit-on, peuplé de couleuvres qui ont détruit la race innocente des poissons, et règnent insolemment à leur place.

Ainsi sur tout ce qui respire,
Tel est l'injuste arrêt du sort,
La violence exerce son empire;
Et le méchant est le plus fort.

C'est à notre station du lac de Chede que nous eûmes la première révélation de l'immensité du Mont-Blanc. Là, on commence à le voir distinctement. En promenant les yeux sur cette masse colossale, et en les élevant jusqu'au sommet, on ne peut se lasser d'admirer ce géant de la terre, contre lequel l'action du temps et la main de l'homme sont impuissantes. Au lieu de subir la loi commune des choses d'ici-bas, le Mont-Blanc, semblable au soleil, paraît rajeunir et se renouveler sans cesse. Assis sur sa base immuable, il voit passer à ses pieds comme une ombre, l'homme, ce roi de la création, qui est, par rapport à lui, ce qu'est pour nous l'insecte *éphémère* (1), qui naît, vieillit et meurt entre deux couchers du soleil.

(1) La durée de la vie de cet insecte ailé est bornée à la longueur d'un jour. Il y a même des espèces qui ne vivent que pendant quel-

La partie du chemin que nous traversâmes, en quittant le lac de Chede, conservait encore les traces de la désolation qu'y avait apportée, soixante ans auparavant, l'éboulement de la montagne de *Fis.* Le Nant-Noir, dont le passage est dangereux, quand il est enflé par la fonte des neiges, n'était alors qu'un faible ruisseau qui coulait humblement à travers ces débris.

Il était six heures, quand nous atteignîmes le village de Servoz. Le ciel dont l'azur transparent nous avait charmés à notre départ de Genève, commençait à se charger de blanches vapeurs flottantes, qui voilaient de temps en temps le soleil. Servoz est situé à l'extrémité d'une petite plaine qu'enferme une enceinte de montagnes, tapissées par la sombre verdure des sapins. Le Mont-Anterne élève au milieu d'elles sa tête couverte de neiges. Nous nous reposâmes là pendant un quart d'heure.

A peu de distance de Servoz, sont des bâtiments servant à l'exploitation de mines de cui-

ques heures, et qui s'élançant dans la vie, quand le jour va finir, meurent de vieillesse, au moment où il reparaît.

vre et de plomb, récemment découvertes. Un petit monument s'élève sur le bord de la Diouza, consacré à la mémoire d'un jeune Danois dont nous avions entendu déplorer la perte. M. Eschen donnait de grandes espérances. Une belle traduction des odes d'Horace lui avait déjà acquis de la célébrité en littérature. Parti de Servoz avec un compagnon de voyage, ils gravirent le Mont-Buet. L'ardeur de M. Eschen qui l'entraînait toujours en avant, l'avait séparé de son guide d'une centaine de pas, lorsqu'il disparut tout-à-coup dans une crevasse du glacier. On ne put le tirer qu'à la nuit de cet abîme. On le trouva debout, les bras élevés au-dessus de la tête, et déjà dans un état de congélation.

On nous montra au haut d'une colline les ruines du château de Saint-Michel, ancien fort destiné à défendre l'entrée de la vallée de Chamouni.

Jadis dans ce château, si j'en crois la chronique,
D'esprits malins un essaim fantastique
Apparaissait vers le déclin du jour.
Tantôt d'un cri faible et mélancolique
Ils attristaient les échos d'alentour.

Tantôt les longs éclats de leur gaîté bruyante
Semaient au loin le trouble et l'épouvante.
Quand du jour qui s'enfuit les douteuses clartés
Prêtent à chaque objet une forme incertaine,
Le passant attardé dans ces lieux redoutés,
Qu'il croit du diable à jamais le domaine,
S'éloigne à pas pressés de l'infernal taudis,
Recommandant son âme aux saints du paradis.

Nous traversâmes l'Arve sur le pont Pelissier. Il était huit heures quand nous atteignîmes *les Montées*, chemin rapide taillé dans le roc, à gauche duquel la rivière roule ses eaux tumultueuses au fond d'un précipice. Cette traversée présentait l'aspect le plus sauvage. Tantôt c'était une espèce de cirque dont l'enceinte, formée par de hautes montagnes, ne laissait voir que le ciel. Tantôt c'était un défilé serpentant entre de grands rochers, ombragés par de vieux sapins qui couronnaient leur sommet, ou qui sortaient de leurs crévasses. Tantôt c'était un sentier tracé sur l'arête d'un rocher, dont aucune végétation ne déguisait l'âpre nudité; c'était souvent l'image du chaos.

Nous hâtions le pas, espérant arriver à temps

à Chamouni ; mais les légères vapeurs dont l'aspect nous avait inquiétés à Servoz, s'étaient condensées. Elles formaient des nuées menaçantes qui venaient s'amonceler sur les cimes, comme à un sinistre rendez-vous. La faible lueur du crépuscule laissait entrevoir sur le bord de la route des croix plantées en mémoire de tragiques accidents. Ces avertissements donnés par la mort nous paraissaient de funeste présage. Nous passions silencieusement auprès de ces muets témoins, en leur jetant un coup-d'œil furtif.

Un autre genre d'inquiétude avait gagné nonotre princesse, et nous-mêmes par contre-coup.

En traversant un carrefour,
Dans notre pénible odyssée,
Nous avions rencontré vers le déclin du jour,
Par de vagues terreurs ayant l'âme oppressée,
Des gens dont les grossiers et sales vêtements
Les faisaient ressembler à de vrais garnements,
Et qui signalaient leur passage,
Par des coups de sifflets à l'envi répétés.

Sans doute un innocent écho du voisinage
Nous renvoyait ces sons bien à tort suspectés ;
Mais la peur suggérait à notre âme inquiète,
Que l'écho n'était pas leur passif interprète,
Et qu'en ces lieux infréquentés,
Ces sifflets s'adressaient à de vivants complices,
Et d'un complot sinistre étaient de sûrs indices.

Quoique les individus qui nous semblaient si suspects, fussent des ouvriers du pays, comme l'assuraient nos guides, leur rencontre dans ces lieux solitaires, avec accompagnement de sifflets, n'arrivait pas précisément à propos pour nous rassurer. Cependant nous faisions la meilleure contenance ; mais nous éprouvions ce trouble instinctif que cause l'approche de l'orage au voyageur attardé.

Ainsi que le lion en quête d'une proie (1),
Notre aspect le remplit d'une infernale joie.
D'un vol rapide il s'élance, et soudain
Les nuages pressés renferment dans leur sein
La foudre et les éclairs, les vents et les tempêtes ;
Et sa puissante main les suspend sur nos têtes.

(1) Quærens leo quem devoret.

Un malin esprit errait sans doute en ce moment autour des ruines de Saint-Michel.

Le signal de l'orage fut donné par un coup de tonnerre qui retentit dans le lointain, et parcourut, en grondant, les échos des montagnes. Les nuages s'épaisissaient; le vent commençait à s'engouffrer, en sifflant, dans les sapins qu'il faisait ployer sous son effort. Quelques éclairs sillonnaient l'horizon. Bientôt les mouvements encore sourds du tonnerre se firent entendre avec plus de force, et éclatèrent en détonations répétées. La pluie tomba par torrents. Le Naut-de-Nayin était déjà enflé par l'affluence des eaux, quand nous le traversâmes. A neuf heures nous entrions dans la vallée du Prieuré, poursuivis par l'orage, dont la voix menaçante se rapprochait de nous, et hurlait, comme si un cœur de démons s'y fût mêlé. Le désir de lui échapper nous aurait donné des ailes; mais l'obscurité nous forçait à marcher avec précaution. Nous n'apercevions ni le ciel ni la terre. La nuit nous avait surpris dans les pas les plus dangereux, où nous aurions eu besoin de toute la clarté du jour. A nos sujets d'inquiétude réels ou imaginaires se joignait l'alarme que nous causait chaque passage des torrents que la pluie grossissait de moments en moments, quand subitement illuminés par les éclairs, ils nous montraient des abîmes effrayants, dans lesquels la moindre hésitation de nos mulets aurait pu nous précipiter nous et nos montures.

Pour surcroît de malheurs et pour mettre le comble à nos anxiétés, le ciel embrasé jeta inopinément un si vif éclat de lumière, que nous fûmes éblouis. Au même instant, une explosion formidable, prolongée et multipliée par les échos, agita l'air avec violence. Une traînée de feu s'abattit sur une roche voisine qu'elle sillonna jusqu'à sa base; puis elle disparut à nos yeux stupéfaits. La foudre venait de tomber à quelques pas de nous. La proximité du danger nous avait rendus insensibles à la majesté du spectacle, et nous restâmes consternés, les pieds attachés à la place où nous nous étions arrêtés. Il nous restait encore deux lieues à faire. Le désordre se mit dans notre petite troupe. Je me trouvai seul avec la duchesse et ses guides. L'abondance de la pluie, le fracas des torrents, les éclats du tonnerre répétés par les rochers, nous causaient une terreur muette :

> Quand un éclair échappé de la nue,
> Des cieux au loin sillonnant l'étendue,
> Répandait une pâle et livide clarté,
> Autour de nous la nature éperdue
> Se peignait plus affreuse à notre œil attristé.

Un sentiment confus de confiance et d'inquiétude m'attachait aux pas de mon auguste compagne de voyage. Si la crainte vague d'un danger venait me troubler quelquefois, son courage me rassurait. Deux guides dirigeaient sa marche au milieu des ténèbres. Nous parvînmes dans cet état sur les bords du torrent de la Griaz, dont les mugissements entendus de loin, augmentaient notre anxiété. Nous hésitions, incertains si nous n'allions pas nous précipiter dans quelqu'abîme, lorsque la lueur d'un éclair nous découvrit moins un torrent qu'un fleuve, bondissant sur de gros quartiers de rochers qu'il ébranlait par la rapidité de son cours.

Mais de ces eaux la Nayade orageuse,
A l'aspect de la jeune et noble déité,
Suspend soudain sa course impétueuse,
Et sur l'abîme redouté
Étendant sa main généreuse,
Enchaîne le flot irrité.
Ainsi quand d'Israël les tribus fugitives,
Se dérobant aux fers d'un tyran inhumain,
Du Nil abandonnaient les rives,
De Moïse autrefois la secourable main
Dans l'abîme des mers leur ouvrit un chemin;
Tandis que Pharaon et sa horde cruelle
Trouvèrent sous les eaux une nuit éternelle.

Pour éviter le destin de Pharaon, je m'empressai de profiter de la protection d'une nymphe aussi généreuse, et j'eus le bonheur de franchir l'abîme sans accident.

Les torrents de Nayin et de la Griaz, s'ils pouvaient parler, auraient à raconter plus d'un naufrage.

Nous gagnâmes le long village des Ouches. L'orage continuait avec violence, et la pluie redoublait. Nous nous arrêtâmes sous l'auvent d'une maison qui nous offrit un refuge momentané, pendant le temps qu'un des guides allait frapper à toutes les portes, pour implorer le secours d'une lumière ; mais partout on répondit par un silence obstiné. Nous étions trop préoccupés de nos misères, pour réfléchir à notre bizarre position. En effet quel épisode tragi-comique d'une merveilleuse histoire ! Une grande princesse, accoutumée à voir tous ses désirs prévenus, dont les pas étaient naguères suivis par les populations accourant en foule sur son passage, avides de la voir et de la saluer de leurs acclamations, aujourd'hui délaissée, errait dans le désordre d'une fugitive, mais sans les honneurs de la proscription, poursuivie par la tempête, oubliée par ses amis comme par ses ennemis, et n'ayant pour cortége que deux humbles guides, auxquels elle s'était confiée. Elle ne pouvait se faire ouvrir, dans sa détresse, la porte d'une chaumière. Un asile lui était refusé dans une des plus pauvres contrées du grand Empire, sur lequel elle régnait trois mois auparavant !

Les simples habitants de ces âpres contrées,
Des révolutions et du monde ignorées,

Oubliant dans les bras d'un tranquille sommeil,
Qu'arrachée à César, la victoire éperdue,
Jette à des fronts sans gloire une palme vendue,
N'auront pu croire à leur réveil,
Qu'errant sans suite et sans escorte,
Celle qui fut leur reine, arrêtée à leur porte,
Avait imploré vainement,
Sous leurs modestes toits un abri d'un moment!

Qu'était devenu ce temps, encore si près de nous, où le grand Empereur, suivi d'un cortége imposant, parcourait les provinces de son vaste empire, quand les soins de la guerre lui en laissaient le loisir, guerre implacable, proclamée *viagère* en plein parlement, par Pitt, âme de la coalition? Soit que Napoléon allât s'enquérir des besoins, écouter les plaintes, rendre une justice égale à tous, voyant tout par ses yeux, semant sur son passage les bienfaits et des éléments de prospérité; soit qu'il traversât la France, pour aller rejoindre ses aigles si longtemps victorieuses, et ajouter un nouveau fleuron à la couronne de la *grande Nation*, les bénédictions et les vœux du peuple l'accompagnaient. Une foule empressée faisait retentir l'air du cri national : *Vive l'Empereur* ! Son auguste compagne assise à ses côtés, couverte par sa puissante égide, et reflétant son auréole de gloire, partageait avec lui les hommages des peuples reconnaissants. Les témoignages d'affection et de fidélité qui leur étaient prodigués étaient sincères. Les revers n'ont pu altérer ces sentiments ; et d'amers regrets, dont l'expression est aujourd'hui comprimée, dorment au fond des cœurs. L'armée pénétrée d'un sentiment profond de nationalité, identifiée avec le souverain populaire qui partageait ses dangers et ses privations, volait de victoires en victoires. Les mauvais jours sont venus ! Une poignée de braves, combattant avec leur chef bien-aimé, pour l'affranchissement du sol sacré, a défendu pied à pied le territoire. Nul soldat n'a failli à cette noble cause. Pourquoi faut-il que des défections venues de plus haut, sujet éternel de douleur pour la France, et de remords pour leurs auteurs, aient enchaîné les bras fidèles, et paralysé les ressources qui restaient encore ! Si elles ont hâté notre ruine, elles n'ont pu ternir l'éclat de notre gloire.

Ces fâcheux souvenirs ont souvent attristé notre voyage. Le moindre incident les réveillait en nous. Ils défrayaient nos entretiens habituels avec notre princesse qui avait toujours quelque trait à y ajouter. Elle se plaisait à honorer d'éloges mérités la conduite loyale de quelques fonctionnaires, naguères attachés à sa maison, et flétrissait d'un blâme sévère la désertion de tant d'autres qui s'étaient hâtés d'outrager l'idole qu'ils venaient d'encenser. Je tomberais dans de continuelles redites, si je rapportais toutes les réflexions que ces souvenirs faisaient naître.

Je reviens à mon récit, dont cette digression m'a écarté. Nous n'avions pas un lieu de refuge. La duchesse de Colorno n'avait pour se garantir de l'orage, que la voûte mobile d'un parapluie, frêle abri, que les rafales menaçaient à chaque instant de renverser. D'épaisses ténèbres nous environnaient. Notre situation devenait intolérable. Nous maudissions le sommeil léthargique de ces montagnards, aussi engourdis que leurs marmottes. Dans l'excès de notre ressentiment, nous cherchions des yeux quelqu'instrument de dommage, pour battre en brèche leurs maisons inhospitalières, quand nous aperçumes un point brillant qui scintillait dans l'extrême lointain, comme une étoile imperceptible perdue dans l'Empirée. Était-ce un secours que le ciel nous envoyait? Ou étions-nous le jouet d'un de ces esprits follets qui font briller des feux perfides aux yeux du voyageur égaré,

> Pour l'attirer dans quelque fondrière,
> Et d'un rire moqueur insulter sa misère?

Nous suivions avec anxiété les progrès de cette lumière. Peu à peu elle se dessina plus nettement, et nous arriva enfin. Ce n'était qu'une lanterne; mais elle eut pour nous l'éclat du soleil. A cette vue, toute idée hostile s'évanouit. Nos inquiétudes furent oubliées. Quoique l'horizon éclairé par notre modeste fanal fut borné à la pointe de nos pieds, cependant la lueur qui s'échappait de sa corne à demi-transparente, suffit pour nous rendre la confiance. Nous nous lançâmes intrépidement sur les pas de nos guides, dans la direction qu'ils nous indiquèrent. Après une demi-heure de marche, nous fûmes rencontrés par de nouveaux guides, qu'un heureux pressentiment amenait au-devant de nous. Tout-à-fait rassurés, nous posâmes un pied hardi sur les roches glissantes autour desquelles tourbillonnaient les flots tumultueux de Taconnaz et des Bossons. A peu de distance du hameau des Bossons, nous passâmes l'Arve, ce fidèle compagnon de notre route, sur le pont de *Pierre-Haute*; et quand nous croyions être encore loin du but de notre voyage, nous touchâmes le seuil d'un humble édifice qui nous apparut comme un port ouvert à notre détresse, par la grâce de la divine protectrice des naufragés. Dans le premier élan de notre reconnaissance, nous pensâmes à suspendre à sa voûte, comme *ex voto*, nos vêtements dégouttants de pluie. Mais cette pieuse intention ne put être remplie : nous étions dans la pauvre auberge de la ville de Londres, au village de Chamouni. Nous fîmes allumer un grand feu pour nous sécher, car nous étions mouillés jusqu'à la peau. La duchesse était sans mouchoir. Elle avait perdu le sien dans le désordre de la route. Elle fut réduite, pour sa toilette, à de rudes serviettes que *la Frise n'avait pas tissues*, et aux soins d'une bonne grosse servante dont le zèle empressé et la maladresse ingénue excitaient son hilarité, malgré ses désappointements.

Plusieurs heures se passèrent, avant que quelqu'un de sa suite put la rejoindre. Elle soupa à peine. La fatigue lui avait ôté l'appétit. Enfin, à une heure du matin, elle alla se coucher, et j'en fis autant, espérant que la journée du lendemain nous dédommagerait des mésaventures de la veille. Une de nos compagnes de voyage n'avait pu se résoudre à quitter la retraite qu'elle avait trouvée dans une humble cabane. La pauvre comtesse Brignole y passa la nuit sur un banc qui lui servit de lit, peu édifiée de notre agreste promenade. Elle ne nous revint que le lendemain, n'ayant pris aucune nourriture depuis vingt-quatre heures, et demi morte de fatigue.

Ah! quelles voix assez fidèles,
De la plus aventureuse des nuits
Rediront tous les longs ennuis,
Les fâcheux accidents, les alarmes mortelles!

La duchesse de Colorno était infatigable et hardie jusqu'à la témérité. On eut dit qu'elle cherchait à s'étourdir. Elle montrait une égalité d'humeur et une constance qui étonnaient ses guides. La comtesse Brignole lui ressemblait peu. Habituée aux délicatesses de sa molle Italie, et aux douces promenades des belles campagnes de Gènes, que baignent les tièdes vapeurs d'une atmosphère embaumée, l'escalade des rochers et la traversée des torrents, lui souriaient peu. Mais elle cachait sous une gracieuse nonchalance une âme forte et un caractère énergique.

Nous espérions une meilleure journée pour le lendemain : notre attente fut trompée. Notre chagrin fut extrême en voyant au lever du jour, des nuages épais descendant des hautes montagnes qui nous entouraient, et s'étendant comme un voile sur l'étroite vallée du Prieuré. Ces sombres nuées y répandaient une demi obscurité qui révêtait de ses teintes grisâtres tous les objets environnants. Le glacier des Bois, avec sa bruyante et monotone cascade, et le glacier des Bossons formaient tout notre horizon. Le mont Blanc, enveloppé d'un manteau de brouillard, y cachait sa tête et ses vastes contours. La matinée se passa à observer le ciel, et à acquérir la triste certitude que la pluie durerait pendant toute la journée. Le mauvais temps continua en effet sans interruption. Notre impatience nous ramenait sans cesse aux étroites fenêtres de nos cellules; et nous nous en éloignions chaque fois plus découragés. Nous restâmes ainsi dans un désœuvrement plein d'ennui, jusqu'à deux heures de l'après-midi, épiant toujours une éclaircie,

Lorsque, glissant à travers un nuage,
Vint enfin du soleil luire un pâle rayon.
La duchesse se fie à ce trompeur présage;
Et sans consulter l'horizon,
Se hâte de sortir de sa triste prison.

Elle porte ses pas vers un bazar rustique,
Où gisaient étalés dans une humble boutique,
Des minéraux qu'annonçaient des dessins,
Sur l'enseigne tracés par d'inhabiles mains.
Des cristaux transparents, produit des rocs humides,
Dressaient sur des rayons leurs blanches pyramides.
D'autres s'y remarquaient, en bijoux façonnés,
Mais qu'un goût élégant n'avait pas dessinés.

La duchesse de Colorno, après avoir fait chez le Buffon en boutique quelques emplettes de minéraux et de bijoux, fit avancer ses mulets, et se rendit entre deux ondées, au glacier des Bossons, devant lequel nous passâmes une heure, autant pour tuer le temps que pour considérer, à travers le prisme un peu terne du brouillard, les formidables escarpements de cette montagne de glace. Le glacier peut être traversé dans sa largeur par un beau temps; mais sa surface était tellement couverte d'eau et de sable délayé, qu'elle était impraticable. Nous continuâmes d'approcher le plus près qu'il nous fut possible des glaces supérieures. La duchesse gravissait hardiment la côte, au milieu des éclats dispersés des rochers et des arbres brisés, malgré les remontrances de ses guides, redoutant la chute inopinée de quelque bloc qui aurait pu se détacher des bords du glacier. Ce scrupule leur était inspiré, moins par l'imminence d'un danger réel, que par une sollicitude louable mais exagérée, et par le désir naturel de mettre leur responsabilité à couvert. Une explication est cependant ici nécessaire. La fonte des neiges entraîne dans les crevasses des glaciers des débris de rochers, qu'on devrait croire ensevelis pour toujours dans ces abîmes. Mais, quoique paraissant immobiles, les glaciers subissent un mouvement intérieur qui ne s'arrête jamais. Les crévasses, en se rapprochant, pressent ces blocs qui remontent lentement à la surface, et sont poussés insensiblement sur les bords. Les savants attribuent ce phénomène à l'abaissement du niveau des glaciers, produit par la retraite des eaux qui s'écoulent de leur fond. Nos guides, qui n'étaient pas obligés d'être savants, raisonnaient comme ceux qui expliquaient autrefois l'ascension de l'eau dans les pompes, en disant que la nature a *horreur du vide*. Ils prétendaient que le glacier ne souffre point de corps étrangers dans son sein. Quoiqu'il en soit, l'avant-veille, un bloc d'environ douze pieds cubes était tombé du glacier de Bossons, et avait roulé dans la vallée, renversant les pins et les mélèzes, dont les branches et les troncs épars attestaient la destruction semée sur son passage. Les débris des blocs tombés à différents intervalles, couvraient le terrain sur une étendue de plus d'un quart de lieue. Nous étions rassurés contre ce danger La chute d'un nouveau fragment de roc, aussi rapprochée de la dernière *éruption*, n'était pas alors sérieusement à craindre, et aucun indice ne la faisait présager.

Il fallut se contenter de cette excursion insignifiante, et revenir, accompagnés par une nouvelle dose de pluie, à notre gîte, où nous étions de retour à cinq heures. La soirée se passa à déplorer l'inconstance du temps et à faire des projets pour le lendemain. Mais ces petites contrariétés qui affectent si éminemment le touriste, étaient dominées par une pensée plus grave, qui était l'objet de nos fréquentes préoccupations. C'était le souvenir de l'Empereur, dont l'Impératrice devait trouver des nouvelles à son arrivée à Aix. Que faisait-il dans ce moment? Retiré dans une île qui n'était pour lui qu'une prison, sa pensée se reportait sans doute vers sa femme et son fils, dont une politique sans générosité l'avait séparé. A l'étroit dans ses modestes états, où son génie ne pouvait déployer ses ailes, pouvait-il trouver dans l'humilité et dans le cercle resserré de ses occupations présentes l'aliment dont sa prodigieuse activité avait besoin? Privé des premières consolations de la vie, isolé des siens dans ces circonstances douloureuses, où l'âme la plus fortement trempée a besoin de l'ineffable douceur des affections de famille, quel soulagement pouvait être apporté aux peines cruelles dont ce noble cœur était affligé? Puis faisant un retour sur elle-même, la duchesse de Colorno trouvait que, jusqu'à présent, maîtresse en apparence de ses actions, il lui était au moins permis de chercher dans la liberté d'un voyage une distraction à ses chagrins. Mainte fois un doute venait traverser son esprit. Lui serait-il accordé de se réunir à l'Empereur, et de remettre son fils dans ses bras? Pourrait-elle se partager entre ses États de Parme et l'île d'Elbe? Que l'avenir se déroulait obscur devant elle! Quelle impatience elle avait de voir son sort enfin fixé! Ces mélancoliques pensées occupaient son esprit, et décélaient une peine intérieure qui se trahissait souvent par des larmes. Il s'y mêlait d'amères réflexions sur la condition des princesses, qui ne sont comptées dans les calculs des cabinets, que comme des instruments de l'ambition de leurs maisons.

Une journée aussi médiocrement remplie ne laissait que des regrets. Le baromètre avait été souvent consulté, et l'expérience des gens du pays mise plus d'une fois à l'épreuve. Leurs observations contradictoires entretenaient notre anxiété; mais l'espérance nous soutint. J'avais le pressentiment qu'un bon vent du Nord viendrait chasser les nuages qui obscurcissaient notre horizon, et ne nous laissaient voir que le pied des montagnes qui enfermaient notre petite vallée. Je fus bercé dans mon sommeil par un rêve agréable qui se réalisa le lendemain.

Avant que de Phébus la pâle messagère
Eut dissipé les ombres de la nuit,
Des songes la troupe légère
Par la porte d'ivoire entra dans mon réduit.
Il me sembla qu'un jour pur et limpide
Se levait sur le flanc de ces monts sourcilleux;
Et que leur haute pyramide
Se couronnait de mille feux.
Je vis notre reine entourée,
Comme autrefois Diane ou Cythérée,
D'un cortége nombreux de nymphes, de Sylvains,
Accourant à l'envi du fond des Apennins.
Des monts les cimes abaissées
S'applanissaient devant ses pas;
Et des lacs azurés les surfaces glacées
Sous des fleurs cachaient leurs frimats.
Le superbe Mont-Blanc lui-même,
De tous ces monts monarque redouté,
Déposant de son front la sombre majesté,
De pourpre et d'or parait son diadème.

Dès l'aube du jour, le ciel avait de nombreux observateurs. A six heures, le soleil fit un effort pour se dégager des nuages qui le couvraient. Nous suivions des yeux les progrès de ses rayons qui, perçant les brouillards de leurs traits de feu, inondèrent bientôt tout l'espace d'une lumière éclatante. Il annonçait la plus belle journée; il tint parole. A son aspect, tout fut prêt en un instant. La duchesse de Colorno descendit de son appartement, radieuse comme l'astre qui s'élevait sur l'horizon. Montée sur sa fidèle Marquise, elle se dirigea sur le Montanvers, accompagnée des personnes de sa suite, précédée et suivie par Jacques Crotet, chef de ses guides et par dix-huit autres guides, portant presque tous des noms fameux, tels que les frères Terraz, Cachat dit le Géant, Jacques des Dames, Coutet, Balmat, Paccard, qui avaient fait plusieurs fois le voyage du Mont Blanc, du Montanvers et des principaux glaciers avec de Saussure, Duluc, Bourrit et autres savants et curieux. Nous n'avions pas oublié de nous munir de la fidèle compagne du voyageur dans les montagnes, la longue canne ferrée, surmontée d'une corne de chamois. — Chamouni est ordinairement dans cette saison un rendez-vous pour les touristes. Nous nous y trouvâmes cependant seuls, de sorte que la duchesse eut l'avantage de n'être pas troublée par des importuns, et d'avoir une entière liberté dans ses promenades.

Nous traversâmes la plaine de Chamouni. A mesure que nous approchions des montagnes, des champs cultivés faisaient place aux prairies. La vallée se rétrécissait. Arrivés au pied du mont de Charmoz, qui conduit au plateau du Montanvers, le terrain devenait plus inégal, et se couvrait de sapins et de bouleaux. Nous arrivâmes, en gravissant une pente assez douce, jusqu'à un sentier raide et glissant, appelé le chemin des Chasseurs de Cristal. Là, nous quittâmes nos mulets, et nous fîmes à pied le reste de la route, parce que la montagne est presqu'à pic et inaccessible même aux mulets. On s'arrêta à la fontaine de *Caillet* (1) :

> Qui de Claudine à la mémoire
> Rappelle le malheur et la touchante histoire.

(1) Voyez la nouvelle de Florian, intitulée Claudine.

Là, de jeunes enfants un essaim curieux,
Dont la candeur est peinte en la mine ingénue,
La joie et l'espoir dans les yeux,
De notre reine attendaient la venue.
Tous sur ses pas se pressent à la fois.
Ils n'ont point de repos que ne soient accueillies
Les simples fleurs que, pour elle, en ces bois,
Leur diligente main, dès l'aurore, a cueillies.
Autour de ce groupe enfantin,
Errait mainte jeune innocente,
Dont la rougeur, l'air timide, incertain,
Les yeux furtifs et la démarche lente
Décélaient le désir qui tourmentait son sein.
Ces mots semblaient sortir de sa bouche ébahie :
« Recommencer Claudine est toute mon envie ! »

Après nous être reposés un moment auprès de cette fontaine, halte à mi-chemin du Montanvers, nous entrames dans un bois touffu, en gravissant des sentiers abruptes, qui serpentaient sur les flancs de la montagne, souvent sillonnés par des couloirs d'avalanches, tandis que des torrents invisibles grondaient à nos côtés au fond des abimes. Des pointes de pyramides de glace perçaient à travers les sapins.

Nous profitions de tous les éclaircis pour arrêter nos regards sur la vallée qui nous était opposée, et pour jouir de l'aspect imposant du mont *Brévent* et de la chaîne des *Aiguilles-Rouges* qui y dominaient.

Nous marchions depuis quatre heures, lorsque la vue de la cabane du Berger, espèce de hutte bâtie en pierres sèches et couverte d'épais morceaux d'ardoises, nous annonça le terme de notre voyage. Nous atteignîmes enfin le plateau du Montanvers, et nous eûmes la première vue de la *mer de glace*. Nous fûmes éblouis par le spectacle qui s'offrit à nos yeux. Nous avions sous les pieds une longue vallée blanche, le lit d'un fleuve immense arrêté dans son cours, ou plutôt une mer immobile, tourmentée par des vagues furieuses qu'une congélation subite aurait surprises. Des groupes de montagnes pyramidales, du haut desquelles descendaient des nappes énormes de glace, enfermaient cette froide vallée où la nature semblait ensevelie sous un vaste linceul. Aussi loin que la vue pouvait s'étendre, elle s'égarait dans un désert sans limites, hérissé de cônes monstrueux et déchiré par de profondes crevasses. Nous contemplions dans une admiration muette les chaînes de ces glaciers qui se liaient les uns aux autres, et cet amas prodigieux d'aiguilles, les unes cachant leur tête dans les nues, les moindres s'élevant à des hauteurs démesurées, en affectant des formes à la fois bizarres et magnifiques. C'était une scène de désordre et de confusion, de bouleversement et de ruine. une image du chaos, dont la plume et le pinceau sont impuissants à reproduire la sauvage mais sublime grandeur.

Par un contraste étrange, ces rocs de glace. ces champs de neige servaient de cadre à une verte prairie bordée de buissons fleuris de rhododendrons, comme une émeraude entourée de rubis et d'opales. Les feuilles toujours vertes et les fleurs épanouies de ce beau laurier-rose des Alpes resplendissaient au milieu des glaces, restées insensibles aux ardeurs d'un soleil qui faisait éclore des fleurs du coloris le plus vermeil et des fruits parfumés (1).

(1) On pouvait d'une main toucher la glace, et de l'autre cueillir des fraises et des framboises qui ont plus de parfum et de saveur que ces fruits de nos jardins.

Presqu'à nos côtés se dressait comme un grand obélisque, l'aiguille du Dru, au pied de laquelle s'étendait un abondant pâturage, irrésistible appât offert aux bergers qui, le lendemain même, devaient oser lancer leurs troupeaux sur les *hazards* de la mer de glace, pour aller chercher cette herbe plantureuse. Plus loin dominait l'aiguille de l'*Argentière*, la première en hauteur après le mont Blanc ; puis les aiguilles du *Bochard* et des *Charmoz*, celles du *Moine* et du *Couvercle* ; le *Talèfre*, dont le glacier est taillé en gradins de cristal ; le long glacier du *Tacul*; la grande et la petite *Jorasse*, et un amas confus de pyramides de toutes grandeurs, semblables à des bataillons de géants, qui se projetaient sur un immense horizon. Enfin, paraissaient dans le lointain, comme des gardes avancées, d'un côté, l'aiguille du *Midi*, de l'autre, le *Géant*, et, dans le fond, le colossal Mont Blanc, aussi vieux que le monde, entouré de pics, au-dessus desquels il élevait sa tête couronnée de neiges éternelles, et qui composaient sa cour.

L'émotion que cause cet imposant spectacle

ne peut s'exprimer. Telle a dû être la terre avant la création. Le premier aspect de ces grands phénomènes jette dans une surprise qui suspend la pensée. On reste absorbé dans une contemplation muette et comme fasciné. Ces groupes monstrueux, l'énormité de leurs masses, leur immobilité, le morne silence qui les environne inspirent une rêverie pleine de tristesse. On attend avec anxiété l'apparition d'une créature vivante qui jette une étincelle de vie sur cette nature inanimée. Mais aucun oiseau n'ose essayer ses ailes dans l'atmosphère de cette zone glaciale. L'imagination craint d'aborder ces solitudes dont la pompe sauvage l'épouvante ; et si, prenant un essor timide, elle s'enhardit à en mesurer les hauteurs, à en interroger les abîmes, elle n'y trouve que des régions inconnues, stériles, inhospitalières. Semblable à la colombe sortie de l'arche, ne trouvant où se poser, elle replie ses ailes, épuisée par son vol solitaire, et retombe découragée.

A mesure que ces impressions s'effacent, l'esprit est assiégé par des pensées confuses. Il est tour-à-tour exalté par le grandiose des objets qui le frappent, humilié par le sentiment de son impuissance, pénétré de la vanité des illusions. Les passions qui s'agitent sur la scène du monde et qui maîtrisent ses destinées paraissent mesquines devant ces étonnants effets d'une puissance infinie. Que la prospérité des cités les plus anciennes et les plus florissantes semble courte; que nos plus solides monuments sont fragiles, comparés à ces indestructibles colosses, à ces premiers éléments de la formation du monde qui, sans doute, dureront autant que lui !

Puis, quand la vue s'arrête sur cette puissante végétation qui semble défier les éternels frimats qui l'enserrent, à l'imposante gravité des réflexions que fait naître un si merveilleux spectacle, succèdent des émotions plus douces. Dans ces régions éthérées où l'air est dégagé de grossières vapeurs, l'esprit et les sens s'épurent à ses émanations vivifiantes et s'y fortifient. On éprouve une sérénité intérieure. Les chagrins, les soucis, les peines morales disparaissent devant des pensées qui n'ont rien de matériel. L'âme s'élève, comme si elle se rapprochait de la Divinité ; et les méditations auxquelles elle se sent portée ont quelque chose de sublime.

J'étais absorbé dans la contemplation d'une scène qui est sans point de comparaison. Que de siècles, que d'événements, que de gloires jadis retentissantes, aujourd'hui oubliées, avaient passé devant ces muets témoins ! Des migrations de peuples conduits par des chefs renommés, des armées commandées par de grands capitaines, les avaient salués à leur passage, pour aller s'ensevelir dans la nuit des temps ! Pouvais-je oublier la contre-révolution qui venait de s'opérer, les événements qui s'étaient passés la veille ? Je me représentais cette période de vingt ans, sujet d'une magnifique épopée. Ma pensée se reportait vers cette époque de grandeur, vers ces sublimes créations du génie, ouvrage d'un mortel privilégié, que la rapidité de son passage sur la terre laissait inachevées. Et ces masses gigantesques restaient debout, comme pour attester qu'elles seules étaient durables. Ah ! m'écriai-je :

Qu'ont de commun avec ces vieux débris
Les monuments d'une gloire immortelle,
Dont les derniers descendants de nos fils
Conserveront la mémoire fidèle !
Par une éclipse d'un instant
Leur splendeur n'est point effacée !
Et mon esprit repoussait la pensée
Que des Gaules l'astre éclatant,
Subitement tombé de son char de lumière,
Eût vu clore à jamais sa brillante carrière !

Nous nous arrachâmes à ces informes mais attachantes beautés, et montâmes à l'hospice, où nous attendait un frugal repas qu'assaisonna notre appétit, aiguillonné par la vivacité de l'air plus que par le mouvement de la route. Nous n'étions nullement fatigués; car l'air est si pur dans ces hautes régions qu'il donne au voyageur des forces nouvelles. Comme la renommée de Virgile : « *Vires acquirit eundo.* » L'hospice est une cabane de pierres élevée par les soins de M. Félix Desportes, ancien résident de France à Genève, qui a rempli des fonctions importantes sous l'Empire.

Après le déjeuner, nous allâmes visiter la

mer de glace. Ses bords sont couverts de blocs de granit vomis par le glacier. Des buissons de rhododendrons croissent dans les intervalles. Un sentier presqu'à pic nous conduisit sur cette mer qui, bien qu'exempte d'orages, n'en a pas moins ses dangers. La duchesse de Colorno voulut y descendre pour voir de plus près ses grandes vagues immobiles. Nous l'y suivîmes, armés de nos cannes ferrées, en franchissant les crevasses dont nous pouvions atteindre l'enjambée, et en côtoyant celles qui étaient infranchissables. Ces puits, dont le bleu transparent laissait voir le fond, étaient les uns à sec, les autres remplis d'une eau limpide. Quand nous passions au pied de quelque gigantesque colonne de glace, notre princesse, toute grande impératrice qu'elle était, et nous, qui cheminions à sa suite, nous nous trouvions réciproquement bien petits.

La duchesse désirait étendre sa promenade jusqu'au *Jardin*, oasis jeté dans ce désert, île radieuse où la verdure et les fleurs brillent au sein d'un océan glacé; mais il eût fallu y bivouaquer, car nous aurions été surpris par la nuit. Il y a des pentes escarpées difficiles à franchir et des crevasses si vastes qu'il faut les côtoyer longtemps, avant d'atteindre leurs limites. Cela eût sans doute ajouté un nouveau lustre à notre voyage; mais la duchesse, malgré son ardeur, ne voulut pas acheter cette gloire au prix de quelque bon rhumatisme.

Nous *prîmes terre* auprès de la *Pierre des Anglais*, grand rocher plat de granit, pouvant servir d'abri, ainsi nommé des Anglais qui, les premiers, se sont hasardés sur la mer de glace; et nous rejoignîmes l'hospice par un sentier bordé de fleurs, comme une allée de jardin. Nous nous reposâmes environ deux heures dans la chambre des voyageurs. Le berger qui en a la garde, après avoir demandé la permission de faire entendre les *petits chanteurs du Montanvers*, sortit et reparut presqu'aussitôt, suivi de deux jeunes garçons qui prenaient cette qualité et exploitaient leur industrie chantante en veste et les pieds nus. Ils s'arrêtèrent sur le seuil de la porte, hésitant à le franchir, baissant et levant alternativement des yeux timides, et roulant dans leurs mains leur bonnet de laine.

Enfin, prenant leurs airs les plus modestes,
Nos deux virtuoses agrestes
Se glissèrent timidement
Sous l'humble toit du rustique édifice,
Lieu de repos, qu'une main protectrice
A placé là tout près du firmament.
Leur trouble se lisait sur leur mine inquiète.
Ainsi de Polymnie un novice interprète,
Que des bancs de l'école un vol ambitieux
Conduit sur une scène en naufrages fertile,
Vient d'un public capricieux
Affronter la faveur mobile.
Pour obtenir son avare intérêt,
Il salue humblement, compose son visage,
Et d'un œil suppliant parcourt l'aréopage,
Dont il attend l'irrévocable arrêt.

Nos jeunes artistes trouvèrent un auditoire plus bénévole. L'indulgence avec laquelle ils furent accueillis les mit tout-à-fait à leur aise. Ils s'interrogèrent un moment des yeux pour se mettre d'accord ou pour s'encourager, puis ils entonnèrent d'une voix retentissante leur chanson d'apparat. L'harmonie y fut un peu en défaut ; mais ils y suppléèrent par la vigueur de leurs poumons. Après avoir loué leurs efforts, on les congédia, aussi contents de l'effet qu'ils avaient produit que de la récompense qu'ils avaient reçue. Avant de partir, la duchesse de Colorno voulut honorer de son nom le registre de l'hospice. Nous obtînmes la permission d'inscrire les nôtres à la suite du sien, dans ces glorieuses archives, pour les signaler à l'admiration ou à l'envie de ceux qui viendraient après nous.

A trois heures, nous nous remîmes en route pour descendre du Montanvers par les sentiers du bois de la *Filia*, dont la pente est presque verticale. Une alternative de glissades et de culbutes nous amena rapidement et sans accidents au pied du glacier des Bois, continuation de la mer de glace, qui tire son nom des bois de sapin dont il est entouré. Au bas du glacier des Bois, une voûte de glace dont l'élévation, la structure et la forme variaient chaque année, s'ouvrait pour donner passage au torrent de l'*Arveron*. Cette voûte ne s'est pas rouverte cette année. La cataracte s'était fait jour à plus de cent cinquante pieds au-dessus du sol, par une ouverture d'où elle se précipitait avec fracas dans la vallée. Quels obstacles ont fait dévier le torrent de sa route accoutumée? que se passe-t-il dans ces mystérieuses abîmes? Nos guides disaient avoir remarqué que, depuis quelque temps, la montagne de glace s'avançait vers la plaine d'une manière sensible. Quelques-uns s'en inquiétaient, d'autres se rassuraient en disant que ce mouvement de progression avait des limites qui ne seraient pas dépassées. Sans chercher à pénétrer dans le mystère de ce phénomène, il faut croire, avec les optimistes, que d'invariables limites ont été effectivement posées par la nature à cet envahissement des glaciers, et que l'innocente vallée du Prieuré n'est pas menacée des horreurs d'un prochain cataclysme!

Nous retrouvâmes nos mulets au bas de la montagne, et nous reprîmes le chemin de Chamouni. Le débordement des torrents qui avaient inondé la voie ordinaire nous obligea à faire un détour par le bois du Boucher. La caravane, en cheminant paisiblement, arriva sur le bord d'un ruisseau assez large et assez profond pour qu'il fût nécessaire de chercher un gué. Je ne sais quelle mouche piqua la grave Marquise, que montait la duchesse de Colorno ; mais,

> Tandis que du rivage
> Chacun cherche de l'œil un facile passage,
> Notre animal capricieux
> Du guide inattentif surprend la vigilance,
> Et d'un essor audacieux,
> Dans l'onde étourdiment s'élance.
> On s'écrie, on accourt, quand une agile main
> Saisit la bride et l'arrête soudain.

Nous vîmes en passant au village des Prés un pauvre albinos, qui s'y était transporté du hameau des Bois, où il faisait sa demeure, attiré par le passage de la princesse. Les cheveux argentés, le teint blafard et les yeux roses et bleus de ce vieillard précoce excitaient un sentiment pénible. Il avait environ quarante-cinq ans ; mais sa figure et son extérieur accusaient la caducité.

Nous étions de retour à l'auberge de la Ville-de-Londres à sept heures du soir, peu fatigués d'une assez pénible excursion que la duchesse de Colorno soutint avec une constance qui ne s'était pas démentie. Elle avait voulu faire toutes les courses à pied ou à l'aide de sa mule, sans permettre qu'on la portât. Cependant nous avions fait près de neuf lieues, en gravissant des pentes qui nous avaient conduits à une hauteur d'environ six mille pieds.

Notre itinéraire devait nous ramener à Genève, en passant par Martigny, pour voir la fameuse cascade de *Pissevache*. Deux routes conduisent à Martigny : l'une monte au col de Balme, l'autre passe par le val d'Orsine et la *Tête-Noire*, en tournant le col de Balme. Ce dernier chemin est moins montueux et plus court, mais étroit et pierreux. La duchesse préféra au défilé plat et raboteux de la Tête-Noire le dôme tapissé de verdure du col de Balme, du sommet duquel on découvre une admirable perspective.

Le lendemain 14, le départ eut lieu à six heures, la traversée du col exigeant dix heures de marche. L'air vif du matin obligea la duchesse à descendre de sa mule aux Prés, pour gagner à pied le hameau des Tines. A gauche régnait une chaîne de collines boisées, et à droite une prairie. Nous vîmes à la montée de l'Avencher une belle chute de l'Arve. Nous remontâmes le cours de cette rivière, en la côtoyant d'abord à gauche et ensuite à droite, après l'avoir traversée sur un pont négligemment construit avec des troncs d'arbres qu'assemblaient de simples liens d'osier,

Où la nature entasse Ossa sur Pélion,
La main de l'homme élève avec discrétion
　　Quelques édifices mobiles,
Dont il n'ose affermir les fondements fragiles.
L'aspect de ces grands corps, éprouvés par le temps,
D'un pouvoir sans limite éternels monuments,
　　L'avertit de son impuissance.
Ce langage muet a bien plus d'éloquence
　　Que cet avis rempli d'humilité,
　Par un héraut chaque jour répété
Au père d'Alexandre, avant son audience :
« *O roi, vous êtes homme* ! » admirable refrain,
Des passions d'un roi très-inutile frein (1) !

(1) Elien rapporte qu'après la défaite des Athéniens à Chéronée,

Au village d'Argentières, on découvre le glacier qui descend de l'aiguille du même nom. C'est auprès d'Argentières que la route se divise : à droite, elle mène au mont de Balme que nous devions traverser, à gauche, au val d'Orsine.

Avant d'atteindre le pied du mont de Balme, nous passâmes par le hameau du Tour, où l'on arrive par une petite plaine entremêlée de bouquets de sapins et de terres cultivées, et en franchissant le lit d'un torrent auquel sa rapidité a fait donner le nom de l'*Abîme*. Le hameau du Tour, qui a aussi son aiguille et son glacier, ferme de ce côté la vallée du Prieuré, dont cette extrémité nue, inculte, semée de débris, est entourée de montagnes qui s'élèvent en amphithéâtre.

Là commencent les rampes de Balme. Nous

Philippe de Macédoine, pour se prémunir contre l'orgueil de la victoire, voulut que chaque matin on lui rappelât qu'il était homme. Il ne paraissait en effet jamais en public, et ne donnait audience à personne, avant qu'un esclave lui eut crié trois fois : *Philippe, vous êtes homme !* ce qui n'empêcha pas ce prince de se livrer à la débauche, d'user de la corruption, et de violer ses traités avec les peuples de la Grèce.

laissâmes derrière nous la vallée de Chamouni qu'éclairaient d'une lumière dorée les premiers rayons du soleil. Ses paisibles chaumières se détachaient sur la fraîche verdure de prairies. Les sommités et les arêtes des glaciers scintillaient comme des pointes de diamants, tandis que les masses des bois reposaient encore dans l'obscurité.

Nous commençâmes à gravir la montagne, en remontant les sources de l'Arve, dont nous prîmes congé à son humble berceau. L'aspect du pays prit une teinte plus sauvage. Nous suivîmes un sentier qui serpentait sur le dos arrondi de la montagne, partout recouvert d'une herbe épaisse, semée de gentianes aux fleurs bleu-céleste, et dont aucun arbuste n'interrompait l'uniformité. Un calme profond régnait dans cette vaste solitude.

> Tout s'y taisait ; et, sans le cri fidèle
> D'une marmotte en sentinelle (1)

(1) Les marmottes vivent en famille. Elles se réunissent pour travailler en commun, comme les castors, et pour creuser leur terrier. Cette habitation souterraine consiste en une galerie qui se divise en

Qui, d'un œil vigilant, observait l'ennemi,
Aucun bruit, dans ces lieux, domaine du silence,
N'eût éveillé l'écho dans son antre endormi,
Ni d'un être animé révélé la présence.

Arrivés au châlet de Charamillan, alors inhabité, on mit pied à terre. Nous jetions souvent les yeux en arrière, pour considérer le Mont Blanc qui paraissait grandir et s'élever vers nous, à mesure que nous montions. On distinguait dans l'éloignement sur la gauche les chalets de Balme, et de nombreux troupeaux disséminés sur le revers de la montagne.

Enfin nous aperçumes le sommet du col de

deux branches, dont l'une conduit à la chambre commune de famille, et l'autre au magasin où sont amassés les matériaux qui servent à boucher le terrier aux approches de l'hiver. Les marmottes passent les trois quarts de l'année dans ces retraites qui sont jonchées et tapissées de mousse et de foin. Elles n'en sortent que pendant les plus beaux jours, pour prendre leurs ébats, ou pour couper de l'herbe et en faire du foin. L'une d'elles fait le guet, montée sur une roche ou sur une place élevée. Quand elle découvre au loin un homme, ou un chien, un renard, un loup, un oiseau de proie, que son instinct lui a signalés comme hostiles, elle fait entendre un sifflement aigu qui avertit ses compagnes de la présence d'un danger. Celles-ci se précipitent dans le terrier ; et la sentinelle n'y rentre elle-même que la dernière. La vue d'une chèvre ou celle d'un mouton n'alarme pas les marmottes au même dégré.

Balme, où une croix de bois placée sur une borne de pierre, formant ce qu'on appelle le *monument*, marquait la limite entre la Savoie et le Valais.

Par un calme doux et tranquille
Nous étions bercés mollement ;
Et nous gravissions lentement
Une côte unie et facile
Qui conduisait au monument.
Soudain une bise piquante
Réveille nos sens engourdis :
Et sa violence croissante
Arrête nos pas interdits.
Bientôt livrée à l'audace insolente
D'un des plus fougueux aquilons,
Dans les replis de sa robe flottante
Notre reine le voit rouler en tourbillons ;
Puis l'étourdir de ses ailes bruyantes ;
Puis soulevant voiles et falbalas,
Par des attaques plus pressantes,
Accroître sans pitié son timide embarras.
Elle craint le sort d'Orythie !
En vain elle lutte et s'écrie ;
Sa résistance est d'un faible secours.

Il faut songer à fuir, et contre une *avanie*,
A quelqu'abri demander un recours.
Cédant demi-vaincue à la peur qui la presse,
Dans un chalet voisin, ouvert à sa détresse,
Elle court se blottir, et cacher la rougeur
Qu'a sur son front ému fait monter la pudeur.

Cet asile protecteur était le chalet des Herbagères, alors inhabité. Remis de cette alerte, nous pûmes considérer plus à l'aise le vaste tableau exposé sous nos yeux. La vallée du Valais se déroulait devant nous, sillonnée par les eaux du Rhône et de la Drance, et bordée d'une chaîne continue de monts inaccessibles, tantôt arides ou verdoyants, tantôt couverts d'une neige éblouissante. On pouvait compter les bourgs et les hameaux groupés sur les bords des deux rivières. On découvrait le commencement de la belle route du Simplon, ouvrage empreint du caractère de grandeur qui distingue les conceptions d'un génie incomparable, et le mont du grand Saint-Bernard, autre théâtre de sa gloire. Si l'on reportait les yeux en arrière, on planait sur la vallée de

Chamouni, et l'on pouvait saluer d'un dernier regard les monts glacés qui s'élancent de son sein, au-dessus desquels dominait le Mont Blanc, père de tous les glaciers de Savoie et roi de toutes les montagnes de l'Europe. Rien n'égale la magnificence de ce double tableau.

Les beaux pâturages qui entourent le chalet des Herbagères étaient coupés par de grands amas de neige qui remplissaient encore les cavités et les inégalités du terrain, au moment de notre passage. Nous glissâmes sur une de ces nappes de neige, pour gagner les sentiers escarpés du bois *Magnin*, d'où nous descendîmes sur le hameau de Trient. On longe à gauche le mont de Balme. Ces monts où la nature est si prodigue de scènes imposantes et terribles, recèlent des dangers dont sont trop souvent victimes les curieux qu'emporte une noble mais imprudente ardeur. Le mont *Buet* prépara un tombeau à M. Eschen. Le mont de Balme fut le théâtre de la chute de l'infortuné Escher, jeune homme qui, comme M. Eschen, donnait de grandes espérances. Il était secrétaire du grand conseil de Zurich, et tenait aux premières familles de ce canton.

Les cinq ou six maisons de Trient, couvertes de larges ardoises dont les avances les cachent à la vue, sont éparses dans une étroite et profonde vallée, resserrée entre de hautes montagnes qui y projettent leur ombre, tellement que le soleil au milieu de sa course, ne peut en éclairer qu'une partie.

Lorsqu'arrivé sur le sommet du mont,
On abaisse les yeux sur ce petit vallon,
Les maisons de Trient sont à peine visibles;
Ses rares habitants semblent imperceptibles.
Et l'on croirait en vérité,
Que ce village en miniature
Est, sans vouloir lui faire injure,
Par les myrmidons habité.

Les eaux qui s'échappent en tourbillons du glacier de Trient forment un ruisseau dont le cours tranquille contraste avec la turbulence de sa source. Ce ruisseau, cette ombre perpétuelle entretiennent dans ce vallon une verdure d'une fraîcheur éclatante.

Les passages de la Tête-Noire et du col de Balme viennent aboutir à ce vallon. Les deux chemins se rejoignent au pied de la montagne de la Forclaz, qu'il faut traverser pour aller à Martigny. C'est là que nous trouvâmes les mulets que nous avions quittés pour suivre la route du col de Balme. Le Valais, vu du sommet de la Forclaz, offre encore un splendide aspect. Nous suivìmes un sentier qui se trouva être le lit desséché d'un torrent. Les cailloux mouvants dont il était semé rendaient notre marche insupportable. Nous fûmes obligés de faire une mortelle lieue dans ce sentier rocailleux, jusqu'au village du *Fond-des-Rapes*, d'où part le chemin qui monte au Saint-Bernard. Là, nous fùmes reçus à notre grande satisfaction dans un char-à-banc ; mais cette satisfaction fut de courte durée. La bonne mine extérieure de cette voiture servait à déguiser un cabas propre à disloquer les os. Après avoir passé la rivière de la Drance et traversé le bourg de Martigny, nous arrivàmes à cinq heures du soir dans la ville de ce nom, éloignée du bourg d'un quart de lieue. Nous étions plus fatigués des cahots de notre malencontreuse patache, que des dix lieues que nous venions de faire.

Nous passâmes la nuit dans une auberge dont le nom m'échappe, nous proposant de partir le lendemain de bonne heure pour Bex, afin de profiter de la journée pour visiter la saline de Bévieux. Notre intérêt était vivement excité par cette ardeur de notre princesse exercée sur les plus nobles objets, qui triomphait des délicatesses de son sexe, et des habitudes de mollesse qu'on devait s'attendre à trouver dans le haut rang où elle est née. Quand je la voyais chevaucher alègrement, je lui parlais de ses promenades ultra-matinales de Saint-Cloud. Dans les belles journées d'été, éveillée au point du jour par l'Empereur, elle partait à cheval avec lui, pour faire des courses dans les bois environnants. Quand elle revenait à Saint-Cloud, le Palais à peine réveillé, la voyait rentrer avec surprise, ignorant qu'elle fût sortie et la croyant encore endormie sous les courtines impériales. Ce souvenir lui rappelait celui des leçons d'équitation que lui avait données l'Empereur, après le déjeuner, dans l'allée de la terrasse, faisant suite au salon de famille. Là, prenant le rôle d'écuyer, sans quitter ses bas de soie blancs ni ses souliers à boucles d'or ovales, Napoléon montait à cheval, et se plaçait à côté de l'Impératrice. En voulant régler l'allure de cette princesse sur la sienne, il excitait son cheval, et accueillait par de bruyants éclats de rire les frayeurs sans danger qu'il provoquait. Ces souvenirs se retraçaient à l'esprit de Marie-Louise dans toute leur fraîcheur. Il lui échappait de dire en soupirant : c'était le bon temps !

Le 15, à sept heures du matin, reposée par une bonne nuit des fatigues de la veille, elle partit de Martigny dans une calèche du pays, décorée du nom élégant de *corbeille.* Elle arriva à huit heures et demie au *Pissevache.* Je ne sais quelle grossière tradition a imposé à cette belle cascade cette dénomination ignoble.

Cette comparaison cynique
Eut révolté la Grèce antique.

Dans ce pays de nobles fictions
Et d'aimables illusions,
La Nayade, au nom poétique,
Le front couronné de roseaux,
Prodiguant les trésors de son urne classique,
En souveraine eût régné sur ces eaux.

Cette cascade est une rivière tombant du sommet d'une montagne à travers d'épaisses touffes de feuillage. Sa largeur est moyenne, et sa hauteur d'environ trois cents pieds; mais tout son ensemble est d'un effet harmonieux et pittoresque. Resserrée à sa naissance entre deux grands rochers chargés de pins séculaires et d'arbustes qui se penchent sur ses eaux bouillonnantes, elle s'affranchit bientôt de ces entraves, et se déroule en une immense nappe de neige. L'œil la croirait immobile, si l'on n'était averti de l'impétuosité de sa chute par l'épaisse vapeur qui s'élève jusqu'à son sommet, et par le fracas étourdissant dont sa grande voix frappe l'air, en rejaillissant dans le bassin qu'elle s'est creusé au pied de la montagne. Les ruisseaux qui en découlent vont se perdre dans le Rhône dont les flots rapides fuyent devant la cascade, et n'en sont séparés que par la route. Le bassin est rempli de poissons qui doivent y mener une vie fort agitée. On assure que des truites, lassées sans doute d'un séjour aussi turbulent, luttent contre cette chute d'eau foudroyante, et s'aidant de toutes les inégalités du rocher, parviennent à remonter la cataracte et à gravir jusqu'au sommet. Un faible arc-en-ciel, qui s'évanouit au moment où nous approchions de la cascade, semblait la couronner, et reflétait dans sa voûte irisée les couleurs du prisme. Nous montâmes jusqu'au bord du bassin, en bravant une pluie imperceptible que chassait un vent impétueux causé par la rapidité de la chute du torrent. Mais nous fûmes bientôt forcés d'en descendre. Nous eûmes beaucoup de peine à trouver une place abritée contre cette bruine incommode qui nous atteignait de toutes parts, pour jouir à notre aise de la vue de cette belle cascade. Enfin nous aperçumes, presque vis-à-vis, un banc de sable laissé à découvert par les eaux du fleuve. Mais il fallait franchir le petit cours d'eau qui nous en séparait. Nous y parvînmes, en mettant en commun notre industrie, non sans un léger accident plus risible que fâcheux, dont fut payé le dévoûment d'un de nos compagnons de voyage.

Nous poursuivîmes notre route en traversant un détroit resserré entre la montagne et le Rhône, qui débouche dans une petite vallée agréable et bien cultivée. On voit de la route l'ermitage de Saint-Maurice pratiqué dans le roc, et planant sur la vallée.

Là, loin du monde et de ses pompes vaines,
Vivait jadis un bon religieux.
Contre les dons du villageois pieux
Il échangeait prières et neuvaines;
Et suspendu sur ces étroites plaines,
Semblait médiateur entre l'homme et les cieux.
Les temps sont bien changés : à ces jours d'innocence
A succédé notre siècle de fer.
La foi crédule et la simple ignorance
Avec le cénobite ont fui de ce désert.

A l'extrémité de cette vallée, on franchit un défilé formé par deux pics d'une prodigieuse élévation, *la Dent du midi* et la *Dent de morcle.* Le Rhône comprimé en cet endroit, coule avec la rapidité d'un trait sous un beau pont d'un seul arche, qu'on prétend être de construction romaine. La douane placée au milieu du pont ferme par une grille la communication entre le Valais et le canton de Vaud, et marque la limite entre les deux pays. Le Mont-Saint-Branchier dominait derrière nous à l'autre extrémité de la vallée, et semblait en clore l'entrée.

Je ne dois pas passer sous silence la petite ville de Saint-Maurice qui vit, dit-on, le massacre de la légion thébaine, dont le chef chrétien lui aurait donné son nom de martyr. Quelques vestiges d'antiquité y ont été découverts, et l'on nous a montré des restes de murailles dont ce bourg a été autrefois entouré. Il a eu le sort des villes traversées par les hordes de barbares qui ont jadis pénétré en Italie par les Alpes. Les armées sardes et françaises, qui heureusement n'étaient point composées de barbares, l'ont tour-à-tour occupé pendant les dernières guerres.

Nous arrivâmes à Bex, une demi-heure après avoir traversé Saint-Maurice, par une jolie route qu'ombrageaient de beaux chataigniers.

Bex est un gros bourg dont la situation est charmante. La plupart des maisons sont bien bâties. Le pays est riche, varié et baigné par la rivière de l'Avençon. Nous descendîmes à l'auberge de l'Union, dont je dois louer la propreté et l'élégance.

A deux heures après midi, nous montâmes en char-à-banc pour aller visiter les salines de Bévieux, situées à une heure de chemin de Bex. La route est belle, et bordée, comme elles le sont toutes, par des arbres fruitiers qui y entretiennent l'ombre et la fraîcheur. Nos routes vastes et dégradées sont ornées de fastueuses et stériles avenues. Ici le luxe cède à l'utile; les routes sont belles, suffisamment larges et bien entretenues; elles présentent partout l'aspect d'un long verger. La route que nous suivions nous conduisit au sentier qui mène aux salines, en remontant le torrent de la Grionne.

Arrivée au lieu d'exploitation des eaux salées, la duchesse de Colorno fut reçue par le directeur de la saline qui lui expliqua les procédés employés pour fabriquer le sel. Comme cet épisode industriel fait partie de notre voyage, je dois donner le détail de ces procédés, d'autant mieux que leur simplicité les met tout-à-fait à la portée de mon intelligence en matière de machines. Ma description sera aussi succincte que possible. La brièveté en sauvera l'ennui.

Les bâtiments d'exploitation sont de longs hangars ouverts sur les quatre faces, dans lesquels sont rangées des piles de fagots sur toute la hauteur. L'eau salée, élevée par le jeu des pompes, filtre à travers les fagots, en y déposant ses parties terreuses, et tombe dans des réservoirs placés plus bas. De là elle est conduite par des tuyaux dans des chaudières au fond desquelles le sel se cristallise. Une roue de trente pieds de diamètre, disposée dans un bâtiment particulier, sert à faire mouvoir les pompes destinées à élever les eaux salées. Tels sont les simples procédés, sagement appropriés à la nature et aux produits de cette saline, qui est d'autant plus précieuse pour le pays, qu'elle est à peu-près la seule que possède la Suisse.

De la nature ici l'art n'est point le rival,
Et le luxe est banni de ces simples usines.
On n'y voit point, comme dans les salines
De Salzebourg ou bien de Hall (1),
Briller l'insigne hiérarchique,
Et le faste aristocratique
De l'uniforme impérial.

En sortant des bâtimens, on gravit une côte aride, par laquelle on parvient en un quart d'heure au souterrain qui recèle les sources salées. Aucune inscription ni ornement n'annonce sa destination.

A peine parvenue à la voûte rustique,
Qui de la mine est le premier portique,
Notre reine, *qu'excite un désir curieux*,
Emprisonne ses blonds cheveux

(1) Les préposés à l'exploitation de ces mines, qui appartiennent à l'Empereur d'Autriche, portent un habit d'uniforme plus ou moins orné, selon les divers grades.

Sous un noir capuchon ; puis de sa fine taille
Couvre, sans les cacher, les contours gracieux,
D'un sarrau couleur de muraille.
La précédant, une torche à la main,
Le mineur l'introduit dans l'antre souterrain,
Et du sol abaissé suit la pente insensible.
Chacun de nous y pénètre à son tour.
Notre pâle flambeau n'y répand pas le jour ;
Mais il y rend l'obscurité visible.

On n'a besoin ni de paniers ni d'échelles, pour pénétrer dans la mine. La galerie principale qui y donne entrée est presqu'horizontale, longue de plus trois mille toises, haute d'environ huit pieds et large de six. Elle est percée dans une roche calcaire dont les parois, qu'on croirait applanies au ciseau, sont soutenues en plusieurs endroits par des madriers placés verticalement. Le sol, partout baigné d'eau, est couvert dans toute sa longeur par des ais parallèles, destinés à diriger les brouettes des mineurs. Le service y est fait avec une économique simplicité. Les galeries ne sont point coupées par des salles resplendissantes de stalactites. Les murs et les voûtes ne sont que noirs et bruts.

On arrive en peu de minutes à un grand puit, profond de huit cents pieds, dit-on, dans lequel se déchargent les canaux qui charrient l'eau salée. A droite de ce puit est un vaste réservoir de sept mille pieds de superficie, creux dans quelques parties de deux pieds et dans d'autres de quatorze. On y arrive par un escalier d'une douzaine de marches. Le plafond est supporté à de longues distances par des piliers pratiqués dans le roc.

Après avoir admiré ce beau bassin et la hardiesse du plafond, nous continuâmes à marcher dans la galerie principale, laissant à droite et à gauche d'autres galeries latérales jusqu'à son extrémité, où un mineur était occupé à en prolonger l'excavation. Il était seul ; on le relevait toutes les deux heures, car il n'aurait pu demeurer là plus longtemps, sans courir le risque d'être étouffé. C'est ce qui aurait pu lui arriver, aussi bien qu'à nous mêmes, si nous avions voulu prêter une attention trop prolongée à son travail. Depuis le peu d'instants que nous étions entrés dans la galerie, la respiration commençait à nous manquer et nos lumières à pâlir. On nous engagea à ne pas faire durer plus longtemps notre visite dans un lieu, où la petite somme d'air qui s'y trouvait ne suffisait pas à cette consommation inaccoutumée. Nous n'avions pas fait cent pas, que nous entendîmes une détonation semblable à un coup de canon, qui roula au-dessus de nos têtes. Nous la prîmes pour un avertissement d'accélérer notre retraite; c'était l'explosion d'un pétard auquel le mineur venait de mettre le feu.

Avant de gagner la sortie du souterrain, nous eûmes la curiosité d'entrer dans une galerie voisine, pour y voir jouer une machine à soufflets, destinée à introduire dans le souterrain l'air extérieur. Malgré le louable redoublement d'activité de l'ouvrier qui la faisait mouvoir, il fallut songer à la retraite. Nous nous empressâmes de sortir du souterrain pour aller respirer avec délices un air pur dont nos poumons avaient besoin.

En retournant à Bex par un chemin pittoresque, comme tous les sites de ces contrées, nous nous arrêtâmes au village de...., pour y voir un jardin dans lequel un amateur a rassemblé presque toutes les plantes qui croissent dans les Alpes. La clôture de ce jardin était formée par les eaux de l'Avençon qui jaillissent en cascade à l'entrée du village. La simplicité agreste de ce site, et le calme qui y règne, inspirent une douce mélancolie ; on voudrait pouvoir passer là ses mauvais jours.

Avant de rentrer à Bex, nous devions une visite au *vieux château.* Nous errâmes assez longtemps autour du mamelon sur lequel il s'élevait, et que couvrait un fourré impénétrable d'ajoncs et d'arbustes sauvages, avant de découvrir le sentier qui conduit au milieu de ses ruines. Les ronces et les plantes épineuses qui s'y croisaient ne nous livrèrent passage qu'aux dépens de nos vêtements, qui ne s'en tirèrent pas sans quelques accrocs.

Enfin nous vîmes les ruines
D'un de ces gothiques châteaux
Qui, sur le sommet des collines
Dressant l'orgueil de leurs créneaux,
Gardiens de la contrée, en étaient les fléaux.

De ce vieux monument la solide structure,
Ses murs épais, ses voûtes, ses arceaux,
Semblaient du temps devoir braver l'injure
Aujourd'hui les tristes débris
De son antique architecture,
Dispersés sur la terre et par le temps flétris,
De la mousse ont subi la stérile verdure,
Et de la fleur des bois la rustique parure.
Des arbustes rampants, dans leurs replis nombreux,
Les enlaçaient de leurs jets vigoureux.

Ces ruines paraissaient être les restes d'un vaste édifice. Quel était ce vieux château qui n'a pas de nom dans le pays? C'est ce que personne n'a pu nous dire, et nous n'eûmes pas le temps d'en rechercher la chronique. Nous étions bien tentés d'aller jouir de l'admirable perspective qu'on découvre du haut d'une tour à demi ruinée, qui avait survécu aux outrages du temps; mais nous aurions pu payer cher notre curiosité, en entraînant la tour et nous dans une chute commune. Nous sortîmes de ces ruines par le sentier qui nous y avait amenés; et descendant un talus rapide, nous regagnâmes notre char-à-banc. Nous étions de retour à Bex avant la nuit.

La sérénité du temps nous invitait à nous embarquer sur le lac pour retourner à Genève.

Le lendemain, à six heures du matin, après avoir visité le simple monument élevé à la mémoire de M. Escher, dans le cimetière de Bex, nous partîmes pour aller nous embarquer à Villeneuve, bourg situé à la pointe du lac de Genève. La duchesse de Colorno fut reçue à Villeneuve au milieu d'une affluence considérable, par de jeunes filles vêtues de blanc, qui lui présentèrent des fleurs. Elle monta dans un bateau pavoisé de guirlandes formées par des branches de cerisiers chargées de leur fruit, vivement touchée de ces hommages naïfs, contrastant avec le scrupule qui avait partout respecté son transparent incognito. Les autorités grandes et petites du pays qu'elle avait traversé, spectatrices discrètes de son passage, avaient ignoré son rang avec la plus prudente circonspection. Cette froide réserve, dont elle ne se plaignit cependant pas, rappelait à notre souvenir l'étonnement muet, si semblable à l'indifférence, des soixante ou quatre-vingts curieux rassemblés dans la cour du Carrousel, qui avaient assisté trois mois auparavant à son fatal départ de Paris. L'apathie des rares témoins de cette triste scène, dont la stupeur paralysait l'émotion, contrastait avec le candide empressement des Vaudois. Le bienveillant empressement de ces bons Helvétiens décélait en même temps leur partialité pour la France.

Nous voguâmes heureusement jusqu'à la hauteur du village de Meillerie, au milieu d'un vaste bassin formé par les Alpes et par le Jura, entre d'immenses côteaux couverts de bois, de prairies, de vignobles et de maisons de plaisance, dont chaque site est un point de vue. L'ensemble de ce tableau s'embellissait encore des souvenirs de la *nouvelle Héloïse*. Il embrassait à gauche les rochers de Meillerie, à droite Motreux et Clarens; derrière nous s'élevait le château de Chillon, célèbre par la captivité de Bonnivard et par les vers de lord Byron. Nous vîmes à gauche le Boveret, où le Rhône jette impétueusement par plusieurs embouchures ses flots chargés de limon dans les eaux azurées du lac.

Nous longions de près la côte entre Saint-Gengoulph et Evian, jouissant de l'agréable perspective de ces lieux favorisés de la nature. Le désir de visiter les rochers de Meillerie (1), théâtre des amours de Saint-Preux et de Julie,

(1) Ce lieu solitaire formait un réduit sauvage et désert, mais plein de ces sortes de beautés qui ne plaisent qu'aux âmes sensibles, et paraissent horribles aux autres. Un torrent formé par la fonte des neiges, roulait à vingt pas de nous une eau bourbeuse, et charriait avec bruit du limon, du sable et des pierres. Derrière nous, une chaîne de roches inaccessibles séparait l'esplanade où nous étions, de cette partie des Alpes qu'on nomme *Glacière*, parce que d'énormes sommets de glace qui s'accroissent incessamment, les couvrent depuis le commencement du monde. Des forêts de noirs sapins nous ombrageaient tristement à droite. Un grand bois de chênes était à gauche au-delà du torrent; et au-dessous de nous, cette immense plaine d'eau que le lac forme au sein des Alpes, nous séparait des riches côteaux du pays de Vaud, dont la cime du majestueux Jura couronnait le tableau.

Au milieu de ces grands et superbes objets, le petit terrain où nous étions, étalait les charmes d'un séjour riant et champêtre : quelques ruisseaux filtraient à travers les rochers, et roulaient sur la verdure en filets de cristal. Quelques arbres fruitiers sauvages penchaient leurs têtes sur les nôtres. La terre humide et fraîche était couverte d'herbe et de fleurs. En comparant un si doux séjour aux objets qui l'environnaient, il semblait que ce lieu désert dût être l'asile de deux amants échappés seuls au bouleversement de la nature.

J.-J. Rousseau. (Nouvelle Héloïse.)

nous engagea à descendre à terre; mais la pluie nous surprit, accompagnée d'un vent très-vif qui nous soufflait au visage. Elle nous força à regagner précipitamment notre bateau dans lequel nous eûmes assez de peine à remonter. Bientôt la place ne fut plus tenable. La pluie que nous avions prise pour un grain passager, si fréquent dans les pays de montagnes, tomba avec redoublement, et l'aspect du ciel annonçait qu'elle durerait longtemps. La duchesse de Colorno se décida à relâcher à Evian, où nous fûmes assez heureux pour trouver une voiture qui nous recueillit, et nous ramena à Genève. Nous jetâmes un œil de regret sur des sites, qui excitaient d'autant plus notre curiosité, que la description qu'on nous en avait faite, et l'ennui d'être obligés de les quitter, sans les avoir parcourus, nous les peignaient plus délicieux.

Ainsi se passa ce voyage de six jours, à l'agrément duquel les accidents même concoururent, et que Marie-Louise embellit par l'aisance et la grâce qu'elle y répandit. Elle y avait momentanément échangé les brillants soucis du trône contre les douceurs de l'obscurité, et s'était souvent surprise à désirer le modeste repos d'une condition privée. Ce petit voyage avait fait une utile diversion à d'amers chagrins, et versé un peu de baume sur des plaies toutes récentes. Sa santé s'était raffermie. Elle avait trouvé dans les émotions variées que fait naître l'aspect des lieux qu'elle venait de visiter, dans le calme pur et dans l'agitation silencieuse qui y régnent, une douce activité qui avait occupé à la fois son corps et son esprit. Ainsi, la main de la providence mêle toujours quelqu'adoucissement, même aux plus grandes infortunes.

ÉPILOGUE.

Le 16 juillet 1814, l'impératrice Marie-Louise était de retour aux Secherons. Elle en partit le lendemain pour Aix, où elle devait prendre les eaux.

Ici, la scène change. L'oiseau qui, sorti de sa prison, essayait dans les airs son vol timide, et s'ébattant aux doux rayons du soleil, jouissait, insoucieux, d'une feinte liberté, retombe au bout de sa course, dans les filets de l'oiseleur qui guettait sa proie. — A deux postes de la ville d'Aix, un officier-général portant l'uniforme autrichien, suivi d'un autre officier qui paraissait être son aide-camp, se présenta à la portière de la voiture de l'impératrice. C'était le général Neipperg qui avait reçu la mission de résider auprès d'elle. Il avait fait préparer son logement à Aix, et il venait à sa rencontre pour l'y conduire.

Je passai deux jours à Aix auprès de l'impératrice, et le troisième je pris congé d'elle pour retourner à Paris. Après une absence qui dura environ six semaines, je me rendis dans les premiers jours du mois de septembre à Berne, où elle m'avait donné rendez-vous. Je ne l'y trouvai plus ; mais un billet qu'on me remit de sa part, en me traçant son itinéraire, m'invitait à la rejoindre dans l'Oberland, où elle était allée, accompagnée de madame la comtesse Brignole, et du général Neipperg qui avait ordre de ne pas la quitter. L'impératrice devant revenir sous très-peu de jours à Berne, j'y restai pour l'attendre.

Elle avait, pendant mon absence, reçu l'invitation de revenir à Vienne, invitation transmise par le prince Metternich, qui s'efforçait en même temps de lui démontrer l'impossibilité de la mettre en possession des États de Parme, dans l'état présent de l'Italie. Le général Neipperg était là pour assurer l'effet de cette injonction. Elle ne crut pas pouvoir l'éluder, quoiqu'elle parut en être vivement contrariée. Elle fit donc ses dispositions pour retourner à Vienne par les petits cantons. Je m'étais séparé d'elle à Schwitz. J'étais depuis deux jours seulement à Vienne, lorsqu'à ma grande surprise, elle y arriva inopinément.

FIN.

COULOMMIERS. — IMPRIMERIE DE A. MOUSSIN.

www.ingramcontent.com/pod-product-compliance
Ingram Content Group UK Ltd.
Pitfield, Milton Keynes, MK11 3LW, UK
UKHW031918260826
14628UKWH00003B/1268

9 782329 447919